IMITATION EN VERS LATINS
DES
FABLES DE FLORIAN
ET DE
QUELQUES MORCEAUX DE CORNEILLE
AVEC LE FRANÇAIS EN REGARD

PAR

L. MONOT
CHANOINE HONORAIRE DE VIVIERS, LICENCIÉ ÈS LETTRES

PARIS
LIBRAIRIE JACQUES LECOFFRE
ANCIENNE MAISON PÉRISSE FRÈRES DE PARIS
LECOFFRE FILS ET Cie, SUCCESSEURS
RUE BONAPARTE, 90

IMITATION EN VERS LATINS
DES
FABLES DE FLORIAN
ET DE
QUELQUES MORCEAUX DE CORNEILLE
AVEC LE FRANÇAIS EN REGARD

PARIS. — IMP. SIMON RAÇON ET COMP., RUE D'ERFURTH, 1.

IMITATION EN VERS LATINS
DES
FABLES DE FLORIAN
ET DE
QUELQUES MORCEAUX DE CORNEILLE

AVEC LE FRANÇAIS EN REGARD

PAR

L. MONOT

CHANOINE HONORAIRE DE VIVIERS, LICENCIÉ ÈS LETTRES

PARIS
LIBRAIRIE JACQUES LECOFFRE
ANCIENNE MAISON PERISSE FRÈRES DE PARIS
LECOFFRE FILS ET CIE, SUCCESSEURS
RUE BONAPARTE, 90
—
1869

IMITATION EN VERS LATINS

DES

FABLES DE FLORIAN

ET DE

QUELQUES MORCEAUX DE CORNEILLE

AVEC LE FRANÇAIS EN REGARD

Lecteur, mon juge,

Je suppose que vous êtes un peu comme moi, qui n'aime pas à lire une longue préface. Donc, deux mots seulement sous forme de question. — Êtes-vous un peu curieux et un peu patient? — Curieux, vous devez l'être, puisque, malgré le peu de faveur qu'obtiennent aujourd'hui les vers latins, vous voulez savoir ce que sont les miens. Mais si vous êtes assez curieux pour commencer la lecture de mon latin, serez-vous assez patient pour la continuer? Je dois en douter; voilà pourquoi, prévoyant le cas où la lecture de mes vers mettrait votre patience à une trop forte épreuve, j'ai placé en regard ceux de Florian, qu'on peut lire avec plaisir, même après ceux de notre incomparable la Fontaine.

Et sur ce, je vous remercie de l'honneur que vous m'avez déjà fait en essayant d'être un de mes lecteurs.
Votre très-humble serviteur.

L. Monot,
Ch. honoraire de Viviers, licencié ès lettres.

Lector, et idcirco judex, exordia forsan
    Te, veluti quosdam, longa subire piget.
Unum igitur rogito, sisnam novitatis amator
    Nonnihil, et patiens an simul esse velis!
Es novitatis amans, qui, cum sine laude latina
    Carmina sint hodie, vis mea nosse tamen.
Sed tibi tantane erit patientia quanta cupido,
    Ad finem ut valeas pergere cœpta legi?
Id dubium; quare ne forte gravere ferendo
    Usque mea, en tibi do jam meliora meis;
Carmina nempe bonus quæ nostras condidit auctor,
    Carmina quæ fesso dulce levamen erunt.
Ne multa; huncce oculis si vis lustrare libellum,
    A me plurima erit gratia agenda tibi.

                                    L. M.

LIVRE PREMIER

FABLE I

LA FABLE ET LA VÉRITÉ

  La Vérité toute nue
  Sortit un jour de son puits
Ses attraits par le temps étaient un peu détruits :
  Jeunes et vieux fuyaient sa vue.
La pauvre Vérité restait là, morfondue,
Sans trouver un asile où pouvoir reposer.
  A ses yeux vient se présenter
  La Fable richement vêtue,
  Portant plumes et diamants.
  La plupart faux, mais très-brillants.
  Eh ! vous voilà ? bonjour, dit-elle :
Que faites-vous ici, seule, sur un chemin ?
La Vérité répond : Vous le voyez, je gèle ;
  Aux passants je demande en vain
  De me donner une retraite.
Je leur fais peur à tous. Hélas ! je le vois bien ;
  Vieille femme n'obtient plus rien.
  Vous êtes pourtant ma cadette,
  Dit la Fable, et sans vanité,
  Partout je suis très-bien reçue.
  Mais aussi, dame Vérité,

LIBER PRIMUS

FABULA I

FABULA ET VERITAS

Cana Fides aderat, quæ falsum fingere nescit;
  Nullus ei ornatus, nullus in ore decor.
Ipsius et frontem jam ruga senilis arabat;
  Gratia quin omnis fugerat atque favor.
Propterea infelix algebat sola relicta,
  Hospitium nulla sufficiente domo.
Ecce autem vestes ostroque auroque refulgens,
  Cernitur ornatu Fabula ovare suo;
Cui frontem decorant flores, colloque comæque,
  Ementita licet, plurima gemma micat.
Jamque affata Fidem : Salve, soror optima, dixit;
  Ecquid in hac tecum sola morare via?
— Algeo, ut ipsa vides, et frustra postulo supplex,
  Ut miseræ pateant hospita tecta mihi.
Terrorem incutio deformis anicula cunctis;
  Heu! video, senium deserit omnis honor.
— Me tamen es natu minor, inquit Fabula, et ipsa
  Comiter excipior divite veste nitens.
Dic vero, germana Fides : cur absque paratu
  Vis prodire isto quem decet esse tuum?
Eia age, crede mihi, comites prudenter eamus,

Pourquoi vous montrer non vêtue ?
Cela n'est pas adroit ; tenez, arrangeons-nous ;
Qu'un même intérêt nous rassemble :
Venez sous mon manteau, nous marcherons ensemble.
Chez le sage, à cause de vous,
Je ne serai point rebutée ;
A cause de moi, chez les fous,
Vous ne serez point maltraitée.
Servant par ce moyen chacun selon son goût,
Grâce à votre raison, et grâce à ma folie,
Vous verrez, ma sœur, que partout
Nous passerons de compagnie.

FABLE II

LA CARPE ET LES CARPILLONS

Prenez garde, mes fils, côtoyez moins le bord,
Suivez le fond de la rivière ;
Craignez la ligne meurtrière,
Ou l'épervier plus dangereux encor,
C'est ainsi que parlait une carpe de Seine
A de jeunes poissons qui l'écoutaient à peine.
C'était au mois d'avril : les neiges, les glaçons,
Fondus par les zéphyrs, descendaient des montagnes ;
Le fleuve enflé par eux s'élève à gros bouillons
Et déborde dans les campagnes.
Oh ! oh ! criaient les carpillons,
Qu'en dis-tu, carpe radoteuse ?
Crains-tu pour nous les hameçons ?
Nous voilà citoyens de la mer orageuse.
Regarde ; on ne voit plus que les eaux et le ciel ;

Et mea quæ res est fiat ubique tua.
Jam moresque novos et pulchras indue vestes,
    Et tua simplicitas missa sit ista procul.
Per te suscipiar, spero, a sapiente benigne;
    Per me et apud fatuos te manet usque favor.
Te sapiente ergo, sed me commenta struente,
    Fœdere pacto erimus cuique placere bonæ.

FABULA II

CYPRIUS ET CYPRIOLI

Filioli, infida vigiles abscedite ripa;
    Tutius undicolæ fluminis ima tenent.
Fallaces hamos et perfida lina timete,
    Quæ plus prædantur suspiciosa minus.
Cautus inexpertam sic prolem sæpe monebat
    Cyprius; at frustra verba monentis erant.
Ver erat imbriferum; spirabant leniter auræ,
    Omnis et ex omni colle fluebat aqua.
Augebant fluvios pluviæque nivesque solutæ,
    Effigiemque lacus obruta rura dabant.
Hem! genitor prudens, rogitare minuscula turba
    Fluctivaga, anne malum vaticinaris adhuc?
Hamus ubi fallax, ubi perfida lina cavenda?
    Cives continui ludimus ecce maris.
Aspice; liquentes campi undique et undique cœlum

Les arbres sont cachés sous l'onde,
Nous sommes les maîtres du monde :
C'est le déluge universel.
Ne croyez pas cela, répond la vieille mère ;
Pour que l'eau se retire il ne faut qu'un instant ;
Ne vous éloignez point ; et, de peur d'accident,
Suivez, suivez toujours le fond de la rivière.
Bah ! disent les poissons, tu répètes toujours
Mêmes discours.
Adieu ; nous allons voir notre nouveau domaine.
Ainsi parlant, nos étourdis
Sortent du lit de la Seine
Et s'en vont dans les eaux qui couvrent le pays.
Qu'arriva-t-il ? Les eaux se retirèrent
Et les carpillons demeurèrent ;
Bientôt ils furent pris,
Et frits.
Pourquoi quittaient-ils la rivière ?
Pourquoi ? Je le sais trop, hélas !
C'est qu'on se croit toujours plus sage que sa mère ;
C'est qu'on veut sortir de sa sphère ;
C'est que... c'est que... je ne finirais pas...

FABLE III

LE ROI ET LES DEUX BERGERS

Certain monarque un jour déplorait sa misère,
Et se lamentait d'être roi :

Apparent; nobis omnia mersa favent.
Montes et silvas late supereminet unda;
    Nunc dominantur aquæ, nunc dominamur aquis.
Cyprius at sapiens : Nati, ne fidite, dixit;
    Longa ætas docuit sæpe magistra patrem.
Ne vobis rudibus, sed amanti credite patri;
    Deficiant ut aquæ sufficit hora brevis.
Prudentes ergo servetis fluminis alveum,
    Ne vos pœniteat præteriisse vagos.
Vah! recinens eadem, lassas, pater, obstrepis aures;
    Desipe, si placeat desipere, atque vale.
Nos nostri interea fines lustrare juvabit
    Imperii, et faciles ire, redire vias.
Nec mora, continuo malesanis linquitur alveus,
    Ruraque tentantur plena recente vado.
At male res vertit temere ausis; namque repente
    Ingreditur solitum refluus amnis iter.
Pisciculi in sicco passim sunt inde relicti,
    Dein lecti et fricti; quam meruere vicem.
Cur inconsulti fluvium liquere profundum,
    Tutam ipsis sedem, fraudibus atque procul?
Usibus en doctus rem dicam. — Tædet eo quod
    Permultos vocem patris habere sacram,
Inque sua sphæra consistere... Eo quod... Eo quod...
    Sed satis est... Nec enim dicere plura vacat...

FABULA III

REX ET DUO PASTORES

Rex olim quidam fatum crudele vocabat,
    Solliciti regni tædia multa querens.

Quel pénible métier! disait-il. Sur la terre
Est-il un seul mortel contredit comme moi?
Je voudrais vivre en paix, on me force à la guerre;
Je chéris mes sujets, et je mets des impôts;
J'aime la vérité, l'on me trompe sans cesse.
  Mon peuple est accablé de maux;
  Je suis consumé de tristesse;
  Partout je cherche des avis;
Je prends tous les moyens; inutile est ma peine;
  Plus j'en fais, moins je réussis.
Notre monarque alors aperçoit dans la plaine
Un troupeau de moutons maigres, de près tondus,
Des brebis sans agneaux, des agneaux sans leurs mères,
  Dispersés, bêlants, éperdus;
Et des béliers sans force errant dans les bruyères.
Leur conducteur Guillot allait, venait, courait,
Tantôt à ce mouton qui gagne la forêt,
Tantôt à cet agneau qui demeure derrière,
  Puis à sa brebis la plus chère.
  Et, tandis qu'il est d'un côté,
Un loup prend un mouton qu'il emporte bien vite;
  Le berger court; l'agneau qu'il quitte
  Par une louve est emporté.
  Guillot, tout haletant, s'arrête,
S'arrache les cheveux, ne sait plus où courir;
  Et, de son poing frappant sa tête,
  Il demande au ciel de mourir.
  Voilà bien ma fidèle image!
S'écria le monarque; et les pauvres bergers
Comme nous autres rois, entourés de dangers,
  N'ont pas un plus doux esclavage;
Cela console un peu. Comme il disait ces mots,
Il découvre en un pré le plus beau des troupeaux;
Des moutons gras, nombreux, pouvant marcher à peine,

Quam grave, dicebat, quam durum exerceo munus !
  Cuinam adversa magis quam mihi cuncta cadunt !
Alma pace frui stat semper certa voluntas;
  Et sunt invito bella gerenda mihi.
Dilectos populos jubeo conferre tributa;
  Me veri cupidum fallere quisque studet.
Gens subjecta mihi gemit et subjecta dolori,
  Cum gente interea tristis et ipse gemo.
Imo meæ genti studiosior usque placendi,
  Curo ut consiliis floreat ipsa bonis.
Id vero incassum ; labor excidit irritus omnis;
  Omnia tento equidem; sed juvor inde nihil.
Dum rex noster agit mœstas ita pectore voces,
  Balantum in campo conspicit ecce pecus ;
Languidulum et deforme pecus, miserabile visu,
  Ceu macie enecto pabula nulla forent.
Hic et multus erat passim sine matre relictus
  Agnus, et absque agno multa relicta parens.
Multus et hic aries, tonsus semel atque retonsus
  Pelle tenus, sine vi, morbidus atque vagans.
Custos interea cursus iterabat anhelus,
  Atque laboranti non erat ulla quies.
Ibat nunc ad ovem dumeta aliena secutam,
  Nunc et ad agnellum quem mora pone tenet.
Dumque agitat dubium cura irrequieta magistrum,
  Improvisus adest, pestis acerba, lupus.
Latro rapit pecudem, quam custos eripit, atque
  Sævit in agniculos improba fauce lupa.
Turbidus hic, et mente labans, consistere pastor,
  Ambiguus quonam se ferat et quid agat.
Continuo tunditque caput vellitque capillum,
  Extremamque diem poscit adesse sibi.
Illa meæ certe est adamussim sortis imago,
  Rex ait ; et miseri pastor egoque sumus.

Tant leur riche toison les gêne ;
Des béliers grands et fiers, tous en ordre paissants ;
Des brebis fléchissant sous le poids de la laine,
    Et de qui la mamelle pleine
Fait accourir de loin les agneaux bondissants.
Leur berger, mollement étendu sous un hêtre,
    Faisait des vers pour son Iris,
Les chantait doucement aux échos attendris,
Et puis répétait l'air sur son hautbois champêtre.
Le roi, tout étonné, disait : Ce beau troupeau
Sera bientôt détruit ; les loups ne craignent guère
Ces fades pastoureaux qui chantent leur bergère ;
On les écarte mal avec un chalumeau.
Ah ! comme je rirais !... Dans l'instant le loup passe,
    Comme pour lui faire plaisir ;
Mais à peine il paraît que, prompt à le saisir,
    Un chien s'élance et le terrasse.
    Au bruit qu'ils font en combattant,
Deux moutons effrayés s'écartent dans la plaine ;
    Un autre chien part, les ramène,
Et pour rétablir l'ordre il suffit d'un instant.
Le berger voyait tout, couché dessus l'herbette,
    Et ne quittait pas sa musette.
    Alors le roi, presque en courroux,
Lui dit : Comment fais-tu ? Les bois sont pleins de loups,
Tes moutons gras et beaux sont au nombre de mille,
    Et, sans en être moins tranquille,
Dans cet heureux état toi seul tu les maintiens ?
Sire, dit le berger, la chose est fort facile ;
Tout mon secret consiste à choisir de bons chiens.

Utrique est fortuna gravis, labor anxius; et quod
  Dicitur imperium triste ministerium est.
Hoc mihi solamen quoddam. Sic ille locutus,
  Carpentem observat pascua læta gregem.
Formosæ densantur oves, queis lucet obesis
  Pingue, moratur item plurima lana gradum.
Multus et hic aries animis et fronte superbus
  Jussa facit, pascens in statione sua.
Matribus hic fœtis turgescunt ubera lacte,
  Agnelli et pingues lacte replente nitent.
Molliter hic stratus frondente sub ilice pastor,
  Et voce et calamis carmina blanda canit.
Ille canit, contra respondet pervigil Echo;
  Auditosque refert tinnula canna modos.
Rex ea miratus: Formosum næ pecus! inquit;
  Sed quod præda brevi fiet opima lupis.
Prædantes non ille lupos deterruit unquam
  Versus qui teneros ludere gaudet iners.
Imbelles calami resonant, imbellis avena;
  Si lupus... Hem! risus quos geminare foret!
Si lupus!... Et subito, ceu respondere paratus
  Illius votis, visus adesse lupus.
Haud impunè tamen latroni; nam canis acer
  Fundit humi aggressus dilaniatque lupum.
Inter eos dum pugna furit clamosa, per agrum
  Tres agnas subitus de grege terror agit.
Protinus exiliens canis alter reddit ovili
  Agnas, et pergit tutor adesse vigil.
His attendebat secure lentus in herba
  Pastor, festivum carmen, ut ante, sonans.
Tum rex: Cur cessas, dixit quasi percitus ira,
  Te prope nonne lupis est ea silva frequens?
Mille tuæ in pratis pecudes pascuntur opimæ,
  Et, ni fallor ego, te faciente nihil.

FABLE IV

LES DEUX VOYAGEURS

Le compère Thomas, et son ami Lubin,
Allaient à pied tous deux à la ville prochaine.
    Thomas trouve sur son chemin
    Une bourse de louis pleine ;
Il l'empoche aussitôt. Lubin, d'un air content,
    Lui dit : Pour nous la bonne aubaine !
    Non, répond Thomas froidement :
Pour nous n'est pas bien dit ; *pour moi*, c'est différent.
Lubin ne souffle plus ; mais, en quittant la plaine,
Ils trouvent des voleurs cachés au bois voisin.
    Thomas tremblant, et non sans cause,
Dit : *Nous* sommes perdus ! Non, lui répond Lubin,
Nous n'est pas le vrai mot, mais *toi*, c'est autre chose.
Cela dit, il s'échappe à travers les taillis.
Immobile de peur, Thomas est bientôt pris ;
    Il tire la bourse et la donne.
Qui ne songe qu'à soi, quand la fortune est bonne,
    Dans le malheur n'a point d'amis.

FABLE V

LES SERINS ET LE CHARDONNERET

Un amateur d'oiseaux avait, en grand secret,
    Parmi les œufs d'une serine,

Rex bone, pastor ait, possum cessare quietus,
  Dum curem ipse bonos semper habere canes.

FABULA IV

DUO VIATORES

Cum Thoma Lycidas pedibus pergebat ad urbem,
  Alternis et erat gratus uterque comes.
Invenit Thomas oculatus forte crumenam,
  Quam condit properans ære sonante gravem.
At lætus Lycidas : Nobis, ait, inde bonum sit !
  Dimidium sperans affore nempe sibi.
Cui Thomas graviter : Non nobis dicere jus est ;
  Nam totum debet jus ibi stare mihi.
Commodus hic Lycidas mussare ; sed ecce latrones
  Improvisi adsunt, insidiata manus.
Eheu ! væ nobis : jam res est acta, perimus,
  Dicere, cui merito concutit ossa tremor.
Hac vice, non nobis, Lycidas ait, at tibi tantum ;
  Seque levi ad latebras proripit ipse fuga.
Tum pavitans Thomas, cui pluris vita crumena est,
  Vitam pro nummis mente sagace parat.
Ne te unum cures, vento spirante secundo,
  Sin, flatu adverso, nullus amicus erit.

FABULA V

ANTHI ET ACALANTHIS

Inseruit volucrum nutritor acanthidis ovum
  Nidulo ubi matrix flava sedebat avis.

Glissé l'œuf d'un chardonneret.
La mère des serins, bien plus tendre que fine,
Ne s'en aperçut point, et couva, comme sien,
  Cet œuf qui dans peu vint à bien.
Le petit étranger, sorti de sa coquille,
Des deux parents trompés reçoit les tendres soins,
  Par eux traité ni plus ni moins
  Que s'il était de la famille.
Couché dans le duvet, il dort le long du jour,
A côté des serins dont il se croit le frère,
  Reçoit la becquée à son tour,
Et repose la nuit sous l'aile de sa mère.
Chaque oisillon grandit ; et devenant oiseau,
  D'un brillant plumage s'habille ;
Le chardonneret seul ne devient point jonquille,
Et ne s'en croit pas moins des serins le plus beau.
  Ses frères pensent tout de même ;
Douce erreur, qui toujours fait voir l'objet qu'on aime
  Ressemblant à nous trait pour trait !
Jaloux de son bonheur, un vieux chardonneret
Vient lui dire : Il est temps enfin de vous connaître ;
Ceux pour qui vous avez de si doux sentiments
  Ne sont point du tout vos parents :
C'est d'un chardonneret que le sort vous fit naître.
Vous ne fûtes jamais serin ; regardez-vous,
Vous avez le corps fauve et la tête écarlate ;
Le bec... Oui, dit l'oiseau, j'ai ce qu'il vous plaira ;
  Mais je n'ai point une âme ingrate,
  Et mon cœur toujours chérira
  Ceux qui soignèrent mon enfance.
Si mon plumage au leur ne ressemble pas bien,
  J'en suis fâché ; mais leur cœur et le mien
  Ont une grande ressemblance.
Vous prétendez prouver que je ne leur suis rien ;

Impositum munus latuit propria ova foventem,
  Quæ pia erat multum, non oculata parens.
Quare ovo illa dato propriis velut incubat alma,
  Bellulus et pullus nascitur inde brevi.
Ille alienigenus curas ab utroque parente
  Obtinet, haud secus ac filius ipse foret.
Sæpe diu ut noctu molli in lanugine dormit,
  Inter eos fratres quos putat esse suos.
Hic vice pulticulam rostello apprendit hiulco;
  Hunc materna pie, dum cubat, ala tegit.
Curatus tenere pubescit nidus, et unam
  Quamque nitere facit lutea vestis avem.
Una adolescendo minime flavescit acanthis;
  Non se ideo pulchram judicat esse minus.
Quin etiam reliquas forma superare videtur
  Ipsa sibi, nec eam quæque minoris habet.
Horum persimiles nos gratus hic efficit error,
  Quos sociat nobis dulcis amicitia.
Felicem senior congressa acalanthis alumnam
  Invida : Te quæ sis noscere tempus, ait,
Disce tibi nulla consanguinitate propinquos,
  Quos tanta immeritos tu pietate colis.
Te matre ingenua sors fecit acanthide natam;
  Non te unquam flavus vestiet ille color.
Aspice; nigrescis pennas, apicemque rubescis;
  Sint ea, dixit avis, sint velut ipsa voles.
Sed mihi cor gratum est; illos et semper amabo,
  Per quos in teneris tam bene fota fui.
Me piget hancce meam plumam differre colori
  Illorum, at similis corda revincit amor.
Tu mihi et his frustra communia vincla negabis;
  Horum nam me aliter sedula cura docet.
Sentiet hoc semper volucris, cui grata voluntas;
  Qui bene cumque meret, jure fit ille pater.

Leurs soins me prouvent le contraire ;
Rien n'est vrai comme ce qu'on sent.
Pour un oiseau reconnaissant
Un bienfaiteur est un bon père.

FABLE VI

LE CHAT ET LE MIROIR

Philosophes hardis, qui passez votre vie
A vouloir expliquer ce qu'on n'explique pas,
    Daignez écouter, je vous prie,
    Ce trait du plus sage des chats.
    Sur une table de toilette
    Ce chat aperçut un miroir ;
Il y saute, regarde, et d'abord pense voir
    Un de ses frères qui le guette.
Notre chat veut le joindre, il se trouve arrêté.
Surpris, il juge alors la glace transparente,
    Et passe de l'autre côté ;
Ne trouve rien, revient, et le chat se présente.
Il réfléchit un peu : de peur que l'animal,
    Tandis qu'il fait le tour, ne sorte,
Sur le haut du miroir il se met à cheval,
Deux pattes par-ici, deux par-là ; de la sorte
    Partout il pourra le saisir,
    Alors, croyant bien le tenir,
Doucement vers la glace il incline la tête,
Aperçoit une oreille, et puis deux... A l'instant
    A droite, à gauche il va, jetant
    Sa griffe qu'il tient toute prête :
Mais il perd l'équilibre, il tombe, il n'a rien pris.

FABULA VI

FELES ET SPECULUM

O nimium sophiæ cuncta indagantis amantes,
    Queis penetrare placet quæ penetrare nefas;
Audite, ut et vos sapiatis rectius olim,
    Quæ prosint, etiam fele docente, sophis.
Supra abacum felis vitrum speculata remittens
    Objecta, obstupuit rem velut ante novam.
Assultu rapido speculum petit, atque tuenti
    Altera comparet felis et ipsa tuens.
Assimilem subito contendit adire sororem,
    Sed vitrea ingratus lamna moratur obex.
Miratur feles, et pellucere profecto
    Vitra putans, speculi posteriora probat.
Verum ubi nil reperit multum scrutata diuque,
    Jam redit; et reducem vitrea lamna refert.
Tum meditata cavet ne se auferat altera furto,
    Quando ipsa explorans itque reditque viam.
In speculo sublimis eques componitur ergo,
    Insidians, geminos mittit utrinque pedes.
Sic agit, ut per utrum latus altera cumque recedat,
    In media possit præcipere hancce fuga.
Tunc interclusam rata se penes esse fugacem,
    Ad speculum inclinat leniter orsa caput.
Unam primo aurem, paulatim conspicit ambas,

Alors sans davantage attendre,
Sans chercher plus longtemps ce qu'il ne peut com-
Il laisse le miroir, et retourne aux souris. [prendre,
Que m'importe, dit-il, de percer le mystère?
Une chose que notre esprit,
Après un long travail, n'entend, ni ne saisit,
Ne nous est jamais nécessaire.

FABLE VII

LE BŒUF, LE CHEVAL ET L'ANE

Un bœuf, un baudet, un cheval,
Se disputaient la préséance.
Un baudet! direz-vous, tant d'orgueil lui sied mal.
A qui l'orgueil sied-il? Et qui de nous ne pense
Valoir ceux que le rang, les talents, la naissance
Élèvent au-dessus de nous?
Le bœuf, d'un ton modeste et doux,
Alléguait ses nombreux services,
Sa force, sa docilité;
Le coursier, sa valeur, ses nobles exercices;
Et l'âne, son utilité.
Prenons, dit le cheval, les hommes pour arbitres :
En voici venir trois, exposons-leur nos titres.
Si deux sont d'un avis, le procès est jugé.
Les trois hommes venus, notre bœuf est chargé
D'être le rapporteur; il explique l'affaire,
Et demande le jugement.
Un des juges choisis, maquignon bas-normand

Et geminum gemino verberat ungue latus.
Inter eos motus, stabilis male decidit, atque
 Elusa apprendit denuo, ut ante, nihil.
Tum salvere jubens mentis superantia captum,
 E speculo ad mures provida felis abit.
Quid mihi, ait, confert arcana diutius ista
 Rimari; non fas hæc mihi nosse reor,
Quas nequeo callere gravi multoque labore,
 Qualibet istæ res utilitate carent.

FABULA VII

BOS, EQUUS ET ASINUS

Olim Bos et Equus, necnon auritus Asellus
 Certabant quisnam major honore foret.
Heus! asinus, dicis, primos sibi poscit honores!
 Anne adeo stolidum corde tumere decet?
Non hunc, sed fastu quem sic decet esse tumentem?
 Cuinam permittas grande supercilium?
Quis non dote aliis minor omni, se tamen unum
 Majorem, aut certe non putat esse parem?
Bos exponebat, semper gravis atque modestus,
 Sæpe laborando se meruisse bene.
At bellator equus jactabat nobile munus,
 Et robur lateris cum levitate pedum;
Respondente asino, cui par jactantia verbis :
 « Munus crebrius est utiliusque meum. »
Tunc Equus : En homines apti componere litem
 Tres illi: titulos quisque det ergo suos.
Inter eos eadem placeant si forte duobus,
 Litigium nobis desinet omne statim.

Crie aussitôt : La chose est claire,
Le cheval a gagné. Non pas, mon cher confrère,
Dit le second jugeur (c'était un gros meunier),
L'âne doit marcher le premier :
Tout autre avis serait d'une injustice extrême.
Oh ! que nenni, dit le troisième,
Fermier de sa paroisse et riche laboureur,
Au bœuf appartient cet honneur.
Quoi ! reprend le coursier écumant de colère,
Votre avis n'est dicté que par votre intérêt ?
Eh ! mais, dit le Normand, par qui donc, s'il vous plaît ?
N'est-ce pas le code ordinaire ?

FABLE VIII

LE CALIFE JUSTE

Autrefois, dans Bagdad, le calife Almamon
Fit bâtir un palais plus beau, plus magnifique,
Que ne le fut jamais celui de Salomon.
Cent colonnes d'albâtre en formaient le portique ;
L'or, le jaspe, l'azur, décoraient le parvis ;
Dans les appartements embellis de sculpture,
Sous des lambris de cèdre on voyait réunis
Et les trésors du luxe et ceux de la nature ;
Les fleurs, les diamants, les parfums, la verdure,
Les myrtes odorants, les chefs-d'œuvre de l'art,
Et les fontaines jaillissantes,

Ante homines igitur, bos ducta sorte, relator
 Jura trium exponit, judiciumque manet.
Continuo edicit judex, mercator equorum,
 Deberi primas indubitanter equo.
Non equus, ast asinus certe meret, atque merenti
 Actutum per vos attribuetur honor :
Sic fari quidam redolens saccum atque farinam,
 Ut nemo, ingenium plumbeus atque rudis.
Non asino vel equo primas concedite partes ;
 Bos meret, ac statuo stent sua jura bovi.
Arbiter edixit sic tertius, haud sine causa,
 Accurare bonus pascua, rura, boves.
Præclarum arbitrium, sonipes ait igneus ira,
 Arbitrium, quod amor vilis habere jubet.
Non hæc sunt adeo damnanda, reponere mango ;
 Rem curare suam, lex ea nonne bona ?

FABULA VIII

REX JUSTUS

Magnificas olim rex ædificaverat ædes,
 Regia queis nunquam par fuit ulla domus.
Porticus hic stabat, ter centum innixa columnis,
 Splendidaque ornabant atria marmor, ebur.
At domus interior fulgebat iaspide et auro,
 Cedrina laquear mirificante trabe.
Hic aderat natura, et pulchra pulchrior arte,
 Artis et adsciscens, quas superabat, opes.
Hic flores, adamas, claro fulgore lapilli,
 Multaque cum malis citrus odoriferis ;
Hic et sculptile opus, miraculaque omnia rerum,

Roulant leurs ondes bondissantes
A côté des lits de brocart,
Près de ce beau palais, juste devant l'entrée,
Une étroite chaumière, antique et délabrée,
D'un pauvre tisserand était l'humble réduit.
Là, content du petit produit
D'un grand travail, sans dette et sans soucis pénibles,
Le bon vieillard, libre, oublié,
Coulait des jours doux et paisibles,
Point envieux, point envié.
J'ai déjà dit que sa retraite
Masquait le devant du palais.
Le visir veut d'abord, sans forme de procès,
Qu'on abatte la maisonnette ;
Mais le calife veut que d'abord on l'achète.
Il fallut obéir. On va chez l'ouvrier,
On lui porte de l'or. Non, gardez votre somme,
Répond doucement le pauvre homme ;
Je n'ai besoin de rien avec mon atelier ;
Et quant à ma maison, je ne puis m'en défaire ;
C'est là que je suis né, c'est là qu'est mort mon père,
Je prétends y mourir aussi.
Le calife, s'il veut, peut me chasser d'ici ;
Il peut détruire ma chaumière :
Mais s'il le fait, il me verra
Venir, chaque matin, sur la dernière pierre,
M'asseoir, et pleurer ma misère ;
Je connais Almamon ; son cœur en gémira.
Cet insolent discours excita la colère
Du visir, qui voulait punir ce téméraire
Et sur-le-champ raser sa chétive maison.
Mais le calife lui dit : Non ;
J'ordonne qu'à mes frais elle soit réparée ;
Ma gloire tient à sa durée ;

Omnia quæ cupidos deliciosa juvant.
Hic salientis aquæ fontes, hic rivus amœnus
  Molles ante fluens, serica texta, toros.
Vestibulum ante ipsum, radiantia limina juxta,
  Ingratum aspectu, contiguum quid erat :
Scilicet exilis domus, et vetus, et male fulta :
  Hanc inopem sedem textor habebat inops.
Ille etsi vetulus, frugi tamen, atque laboris
  Experiens, poterat vivere jure suo.
Insomnes nunquam volvebat pectore curas,
  Queis agitare animos æra aliena solent.
Oblitusque suos erat oblitusque suorum,
  Virus et invidiæ nec patiens nec habens.
At casa regali domui nimis officiebat,
  Parvula sublimi, squalida magnificæ.
Ergo instat quidam veniens ab rege secundus,
  Ut casa fœda ruat funditus absque mora.
Rex justam domino mercedem solvere mandat,
  Velle sibi hac dicens conditione domum.
Aurum igitur multum textori offertur ; at ille,
  Hoc, dixit, procul hinc ; hoc mihi non opus est.
Arte mea vivo textrina, nec mihi mens est
  Hanc pretio quali linquere cumque casam.
Natus in hac ego sum, pater est defunctus ibidem ;
  Illic et ego moriar, ni mea fata vetent.
Hinc ego, si regi placeat, depellar, et ista
  Parva et amata domus strata jacebit humi.
Tunc autem veniam mœrens ego quotidianus,
  Flebo, mane sedens, ultima saxa super.
Sed regem novi ; certe rex corde dolebit,
  Cogor si immerito corde dolere miser.
Hæc sunt regali temeraria visa ministro,
  Qui casulam increpitans, vult et inempta cadat.
Non ita, rex inquit ; domus hæc stet parvula jus est,

Je veux que nos neveux, en la considérant,
Y trouvent de mon règne un monument auguste ;
En voyant le palais, ils diront : Il fut grand ;
En voyant la chaumière, ils diront : Il fut juste.

FABLE IX

LE CHIEN ET LE CHAT

Un chien, vendu par son maître,
Brisa sa chaîne, et revint
Au logis qui le vit naître.
Jugez de ce qu'il devint,
Lorsque, pour prix de son zèle,
Il fut de cette maison
Reconduit par le bâton
Vers sa demeure nouvelle.
Un vieux chat, son compagnon,
Voyant sa surprise extrême,
En passant lui dit ce mot :
Tu croyais donc, pauvre sot,
Que c'est pour nous qu'on nous aime !

FABLE X

LES DEUX JARDINIERS

Deux frères jardiniers avaient, pour héritage,
Un jardin dont chacun cultivait la moitié ;

Quin imo ut sumptu sit reparata meo,
Restare hanc jubeo; namque hinc mea gloria pendet;
　Nec nomen cupio dedecorare meum.
Hanc et eam cernent cum postea stare nepotes,
　Regi grande decus fiet utraque mihi.
Magnificam ante aulam, rex, dicent, maximus ille;
　Ante casam, sed adhuc justior ille fuit.

FABULA IX

FELES ET CANIS

Venditus a domino canis olim vincula rupit,
　Natalem properans rursus adire domum.
Sed nedum ille redux voces audiret amicas,
　Actus ad emptorem, fuste dolante, fuit.
At studia in dominum, dixit, sincera priorem
　Laudandi reditus causa fuere mei.
Cui felis: Miseram tu nactus es, o bone, sortem,
　Qui dominum infidum fidus amore colis:
Gratus es ingrato: Nam, demens, anne putasti
　Quod tibi gratuitus cedere posset amor?

FABULA X

DUO OLITORES

Vivebant gemini fratres, quibus hortus avitus
　Conventu facili dimidiatus erat.

Liés d'une étroite amitié,
Ensemble ils faisaient leur ménage.
L'un d'eux appelé Jean, bel esprit, beau parleur,
Se croyait un très-grand docteur ;
Et monsieur Jean passait sa vie
A lire l'almanach, à regarder le temps,
Et la girouette, et les vents.
Bientôt, donnant l'essor à son rare génie,
Il voulut découvrir comment d'un pois tout seul
Des milliers de pois pouvaient sortir si vite ;
Pourquoi la graine du tilleul,
Qui produit un grand arbre, est pourtant plus petite
Que la fève, qui meurt à deux pieds du terrain ;
Enfin, par quel secret mystère
Cette fève, qu'on sème au hasard sur la terre,
Sait se retourner dans son sein,
Place en bas sa racine et pousse en haut sa tige.
Tandis qu'il rêve et qu'il s'afflige
De ne point pénétrer ces importants secrets,
Il n'arrose point son marais ;
Ses épinards et sa laitue
Sèchent sur pied ; le vent du nord lui tue
Ses figuiers qu'il ne couvre pas ;
Point de fruits au marché, point d'argent dans la bourse :
Et le pauvre docteur, avec ses almanachs,
N'a que son frère pour ressource.
Celui-ci, dès le grand matin,
Travaillait en chantant quelque joyeux refrain,
Bêchait, arrosait tout, du pêcher à l'oseille.
Sur ce qu'il ignorait sans vouloir discourir,
Il semait bonnement pour pouvoir recueillir.
Aussi dans son terrain tout venait à merveille ;
Il avait des écus, des fruits et du plaisir.
Ce fut lui qui nourrit son frère ;

Sed posito quamvis partiti limite fundum,
  Unanimes et erant litis et absque malo.
Alter, sat merito dictus cognomine Lampas,
  Mirus erat studiis, plurima nosse furens;
Assidue spectans unde imbres, unde serenum,
  Unde auræ lenes, unde procella minax;
Mox idem ingenio cupidus laxavit habenas,
  Multum vana sequens, utiliora parum;
Cur varie vegetet plantas, et semine ab uno
  Semina multiplicet terra benigna parens;
Tantas cur tilias producant tantula grana,
  Pinusque excelsas grana minora fabis.
Namque fabas noster non surgere viderat ullas
  Altius a terra quam duo tresve pedes.
Hæc faba, dicebat, temere cur credita sulco,
  Scite in terreno se locat ipsa sinu.
Cur et ad æthereas stipulam faba subrigit auras,
  Radice inferius subtereunte solum.
Cumque hæc insequitur meditans arcana, doletque
  Corde intus, fieri hæc non manifesta sibi,
Negligit irriguis fecundare imbribus hortum;
  Aret humus sitiens, atque olus omne perit.
Dispereunt nimio non tutæ a frigore ficus,
  Cœpit ut acris hiems stringere rura gelu.
Intyba non igitur vacuo, venalia nec sunt
  Poma, simulque deest ære crumena gravis.
Idcirco noster, venti divinus et imbris,
  Mortuus absque suo fratre fuisset inops.
Mane novo, ille suum repetens de more laborem,
  Consueta et recinens, lætus agebat opus.
Vertere humum, lætis et aquis saturare fimoque,
  Huic erat et solitus gratus et usque labor.
 ura eidem rerum causas penetrare latentes
  Nulla, sed utilitas non erat inde minor.

Et quand monsieur Jean, tout surpris,
S'en vint lui demander comment il savait faire :
Mon ami, lui dit-il, voici tout le mystère :
    Je travaille et tu réfléchis ;
    Lequel rapporte davantage ?
    Tu te tourmentes, je jouis ;
    Qui de nous deux est le plus sage ?

FABLE XI

LE VACHER ET LE GARDE-CHASSE

Colin gardait un jour les vaches de son père,
Et, n'ayant avec lui ni sa sœur ni son frère,
Il s'ennuyait tout seul. Le garde sort du bois :
Depuis l'aube, dit-il, je cours dans cette plaine,
Après un vieux chevreuil que j'ai manqué deux fois
    Et qui m'a mis tout hors d'haleine.
    Il vient de passer par là-bas,
Lui répondit Colin ; mais, si vous êtes las,
Reposez-vous, gardez mes vaches à ma place,
    Et j'irai faire votre chasse ;
Je réponds du chevreuil. — Ma foi, je le veux bien :
Tiens, voilà mon fusil, prends avec toi mon chien,
    Va le tuer. — Colin s'apprête,
S'arme, appelle Sultan. Sultan, quoique à regret,
    Court avec lui vers la forêt.

Causarum iste rudis credebat semina et alma
    Fenore cum grato multiplicabat humus.
Ergo donabat pomorum fertilis hortus
    Cultorem nummo lætificante suum.
Assiduus fratrem doctorem cultor alebat,
    Illi provisor sedulus atque sagax.
Causam scire volens frater, qui vana studebat,
    Hoc a fratre refert providiore datum :
Jam sape, tu frater; meditaris, at ipse laboro,
    Dic utri melius det sua cura bonum ;
Hactenus infelix torqueris, lætor at ipse;
    Dic et uter melius consulat inde sibi.

FABULA XI

BUBULCUS ET VENATOR

A patre cura boum fuerat commissa Colino,
    Atque sua mœstus sorte Colinus erat.
E silva egressus cursu venator anhelans,
    Hæc, ait, a primo mane pererro loca.
Ardenti studio capream sequor usque fugacem,
    Sudore et multo languida membra madent.
Illac transivit fera, respondere Colinus,
    Proxima præmonstrans indice signa pedum.
Frangeris at si nunc sudore exhaustus et æstu,
    Visne meas tua sit pascere cura boves?
Ipse vices præstabo tuas ; et caprea, juro,
    Mox præda, ut levipes, cedet adepta mihi.
Sic placet, alter ait; nunc ergo macte, bubulce;
    En arma, et tecum militet iste canis.
I, venare feram. Capit arma repente Colinus,

Le chien bat les buissons, il va, vient, sent, arrête,
Et voilà le chevreuil. Colin, impatient,
    Tire aussitôt, manque la bête
    Et blesse le pauvre Sultan.
    A la suite du chien qui crie,
    Colin revient à la prairie,
    Il trouve le garde ronflant;
  De vaches point; elles étaient volées.
Le malheureux Colin, s'arrachant les cheveux,
Parcourt, en gémissant, les monts et les vallées.
Il ne voit rien. Le soir, sans vaches, tout honteux,
    Colin retourne chez son père
    Et lui conte, en tremblant, l'affaire.
Celui-ci, saisissant un bâton de cornier,
Corrige son cher fils de ses folles idées,
    Puis lui dit : Chacun son métier,
    Les vaches seront bien gardées.

FABLE XII

CHLOÉ ET L'ABEILLE

    Chloé, demoiselle coquette,
    Tous les matins, en se levant,
Se mettait au travail, j'entends à sa toilette;
    Lors, au miroir se regardant,

Datque dato, ut comitet, sibila rite cani.
Hæsitat hic dubius tantisper; namque bubulcum
  Sentit venandi callidus esse rudem.
It tamen, indagat, redit, atque moratur odorans;
  Excitaque e latebris emicat ecce fera.
Jamque moræ impatiens collimat tiro; sed illi
  Proposita a caprea deerrat inepta manus.
Præda intacta fugit; sed iniquo saucius ictu,
  Crura trahit querulus clauda, cruenta canis.
Elusus remeat consueta ad prata Colinus,
  Stertit ubi custos quem sopor altus habet.
Bos in conspectu nulla; omnes raptor abegit,
  Dum patulo custos dormiit ore sonans.
Quid faciat pastor, quem sors inimica fatigat?
  Crines, multa gemens, vellit utraque manu.
Montes et valles lustrat queribundus oberrans,
  Signa nec absentum comperit ulla boum.
Sera nocte redit frustratus pastor, et exspes
  Ad sedem patriam; bosque nec una præit.
Rem narrat juvenis pavitans; et jure severus
  Corrigit insanum vindice fuste pater.
Unusquisque sua, dixit, versetur in arte,
  Et tutela boum sedula semper erit.

FABULA XII

CHLOE ET APIS

Pulchra puella Chloe, valde studiosa placendi,
  Quotidie solitum mane iterabat opus.
Notum certe operis quod sit solemne puellis;
  Scilicet ad speculum se decorare diu.

Elle disait à ce cher confident
Tous les secrets de son âme.
Une abeille étourdie arrive en bourdonnant.
Au secours! au secours! crie aussitôt la dame;
Venez, Lise, Marton, accourez promptement;
Chassez ce monstre ailé. Le monstre insolemment
Aux lèvres de Chloé se pose.
Chloé s'évanouit, et Marton, en fureur,
Saisit l'abeille et se dispose
A l'écraser. Hélas! lui dit avec douceur
L'insecte malheureux, pardonnez mon erreur :
La bouche de Chloé me semblait une rose,
Et j'ai cru... Ce seul mot à Chloé rend ses sens :
Faisons grâce, dit-elle, à son aveu sincère :
D'ailleurs sa piqûre est légère ;
Depuis qu'elle te parle, à peine je la sens.
Que ne fait-on passer avec un peu d'encens?

FABLE XIII

LA MORT

La Mort, reine du monde, assembla, certain jour,
Dans les enfers toute sa cour.
Elle voulait choisir un bon premier ministre,
Qui rendît ses États encor plus florissants.
Pour remplir cet emploi sinistre,
Du fond du noir Tartare avancent, à pas lents,
La Fièvre, la Goutte et la Guerre :
C'étaient trois sujets excellents;
Tout l'enfer et toute la terre
Rendaient justice à leurs talents.

Ergo venusta Chloe comebat, judice vitro,
  Cæsariem rutilam purpureasque genas.
Ecce apis inconsulta venit, præeunte susurro;
  O mihi adeste meæ, congeminare Chloe.
Jam properate, meæ, succurrite, pellite pestem
  Aligeram, auxilium detis, et absque mora.
Festinant famulæ; verumtamen aspera pestis
  Occupat audacter pulchra labella Chloes.
Linquitur illa statim; tunc Marto, prompta ministra,
  Prendit apem digitis, atque necare parat.
O bona, dixit apis, deceptæ parce; putavi,
  Atque Chloes labium quis neget, esse rosam.
Jamque Chloe redit ad se, et facta repente benigna,
  Hæc veniam, dicit, vera locuta, meret.
Me pupugit leviter; nunc et dolor omnis abivit.
  Quæ non, si dederis thurea grana, feres?

FABULA XIII

MORS

Concilium horrendum resono clangore coegit
  Mors, ubi in immensum Tartara cæca patent.
Namque ea collegam sibi consociare volebat
  Cujus ope imperium crescere posset atrox.
Faucibus a Stygiis, functuræ inamabile munus,
  Adveniunt belli Diva, Podagra, Febris,
Tres certe ardentes studio constante ministræ,
  Queis merito poterat plaudere tetra cohors.
Exceptæ illæ tres a Morte fuere benigne;
  Cœtu composito, postera Pestis adest.

La Mort leur fit accueil. La Peste vint ensuite.
On ne pouvait nier qu'elle n'eût du mérite ;
    Nul n'osait lui disputer ;
Lorsque d'un médecin arriva la visite,
Et l'on ne sut alors qui devait l'emporter.
    La Mort même était en balance :
    Mais, les Vices étant venus,
Dès ce moment la Mort n'hésita plus :
    Elle choisit l'Intempérance.

FABLE XIV

LE CHATEAU DE CARTES

Un bon mari, sa femme, et deux jolis enfants,
Coulaient en paix leurs jours dans le simple ermitage,
Où, paisibles comme eux, vécurent leurs parents.
Ces époux, partageant les doux soins du ménage,
Cultivaient leur jardin, recueillaient leurs moissons ;
Et le soir, dans l'été, soupant sous le feuillage,
    Dans l'hiver, devant leurs tisons,
Ils prêchaient à leurs fils la vertu, la sagesse,
Leur parlaient du bonheur qu'elles donnent toujours.
Le père par un conte égayait ses discours,
    La mère par une caresse.
L'aîné de ces enfants, né grave, studieux,
    Lisait et méditait sans cesse ;
Le cadet, vif, léger, mais plein de gentillesse,
Sautait, riait toujours, ne se plaisait qu'aux jeux.
Un soir, selon l'usage, à côté de leur père,
Assis près d'une table où s'appuyait la mère,
L'aîné lisait *Rollin*; le cadet, peu soigneux

Hæc erat et laudum præclaro munere digna :
  Tam multas strages perniciosa dabat!
Arbitri ambigui, medico veniente, fuerunt
  Cuinam deberet cedere primus honos.
Hic dubia atque ipsi stabat sententia Morti ;
  At Vitia adventant, fœda caterva, simul.
Jam fuit in promptu consortem adsciscere Morti ;
  Improba Luxuries prima ministra fuit.

FABULA XIV

CASULA LUSORIA

Vir quidam et conjux gemina cum prole colebant
  Sedes, quæ fuerant patris avique prius.
Omnis cura domus erat inter utrumque parentem
  Divisa, amplexo munus utroque suum.
Illis cultus ager fruges dabat; hortus inemptum
  Cum flore et pomo sufficiebat olus.
Mos æstate illis placitus cœnare sub umbra
  Arborea ; ante focum, si rediisset hyems.
Quin coram natis virtutem laude ferebant,
  Deliciasque illas, præmia certa bonis.
Fabella ipse pater lepida condire solebat
  Sermonem; at mater, basia multa ferens.
E natis major, succensus amore sciendi,
  Assiduus lector, vel meditator erat.
Sed minor ingenio joculans, festivus et acer,
  Totus erat ludis lætitiæque suæ.
Jamque ætate prior libros de more legebat
  Historicos, et erat testis uterque parens ;

D'apprendre les hauts faits des Romains et des Parthes,
Employait tout son art, toutes ses facultés,
A joindre, à soutenir par les quatre côtés,
    Un fragile château de cartes.
Il ne respirait pas d'attention, de peur.
    Tout à coup voici le lecteur
Qui s'interrompt : Papa, dit-il, daigne m'instruire
Pourquoi certains guerriers sont nommés conquérants,
    Et d'autres fondateurs d'empire ;
    Ces deux noms sont-ils différents ?
Le père méditait une réponse sage,
Lorsque son fils cadet, transporté de plaisir,
Après tant de travail, d'avoir pu parvenir
    A placer son second étage,
S'écrie : Il est fini ! Son frère, murmurant,
Se fâche, et d'un seul coup détruit ce long ouvrage ;
    Et voilà le cadet pleurant.
    Mon fils, répond alors le père,
    Le fondateur, c'est votre frère,
    Et vous êtes le conquérant.

FABLE XV

LE LIERRE ET LE THYM

    Que je te plains, petite plante !
    Disait un jour le lierre au thym ;
    Toujours ramper, c'est ton destin ;
    Ta tige chétive et tremblante
Sort à peine de terre ; et la mienne dans l'air,

Junior at curans nil Graios atque Latinos,
  Usque ad ludicrum se referebat opus.
Ædificabat opus, rueret quod labile, si qua
  Pars alii parti non foret apta bene.
Chartas ergo leves studiosius ordine quadrans,
  Suetus erat tenues ædificare casas.
Sic erat attentus chartis, ut spiritus esset
  Vix illi, et quateret singula membra tremor:
Cum subito major studia interrupta relinquens :
  Id me, ait, alme parens, anne docere voles?
Cur eadem nunquam de bellatore loquuntur?
  Nam vulgo, *hic domuit, condidit ille,* ferunt.
Conditor aut domitor, diversane nomina sunt hæc?
  Responso illa parens expliciturus erat;
Cum fabricare casam nisus multumque diuque,
  Jam tabulata videt stare secunda minor;
Atque statim exsultans animis clamare : Peregi
  Grande opus hoc tandem; major at inde dolet.
Impositas tanto chartas molimine pulsat,
  Et casa tota statim, flente minore, ruit.
Et pater actutum : Te nunc est, nate, docere :
  Tu domitor, dixit, conditor ille fuit.

FABULA XV

HEDERA ET THYMUS

Quam mala, quam tristis tua sors est, planta pusilla?
  Sic hedera aiebat, commiserata thymum.
Namque humilem ac tremulum fruticem te serpere sem-
  Extolli at nunquam, lex ea facta tibi.   [per,
Ast ego constanter proceris quercubus hærens,

Unie au chêne altier que chérit Jupiter,
S'élance avec lui dans la nue.
Il est vrai, dit le thym, ta hauteur m'est connue;
Je ne puis sur ce point disputer avec toi;
Mais je me soutiens par moi-même;
Et, sans cet arbre, appui de ta faiblesse extrême,
Tu ramperais plus bas que moi.
Traducteurs, éditeurs, faiseurs de commentaires,
Qui nous parlez toujours de grec ou de latin,
Dans vos discours préliminaires,
Retenez ce qu'a dit le thym.

FABLE XVI

LE CHAT ET LA LUNETTE

Un chat sauvage et grand chasseur
S'établit, pour faire bombance,
Dans le parc d'un jeune seigneur,
Où lapins et perdrix étaient en abondance.
Là, ce nouveau Nemrod, la nuit comme le jour,
A la course, à l'affût également habile,
Poursuivait, attendait, immolait tour à tour
Et quadrupède et volatile.
Les gardes épiaient l'insolent braconnier.
Mais, dans le fort du bois, caché près d'un terrier,
Le drôle trompait leur adresse.
Cependant il craignait d'être pris à la fin,
Et se plaignait que la vieillesse
Lui rendît l'œil moins sûr, moins fin.
Ce penser lui causait souvent de la tristesse.
Lorsqu'un jour il rencontre un petit tuyau noir,

Altas cum sociis vertice tango plagas.
Tum thymus : Id fateor; tu vertice nubila tangis,
 Atque ista per me laude fruare licet.
Ast ego qui submissa arbuscula repere dicor,
 Nullius auxiliis stare vel una queo.
Dum contra, nisi te sustolleret ardua quercus,
 Tu quoque reptares, inferiusque thymo.
Vos quibus id proprium est alieno crescere fundo,
 Servetis memores talia dicta thymi.

FABULA XVI

FELES ET VITRUM OPTICES

Regalem in silvam quondam venatica feles
 Allecta ardenti venit amore dapis.
Multus ibi lepus in septis, et multa coturnix,
 Et perdix, feli præda epulanda vafræ.
Felis erat semper, sicut prodesse putabat,
 Et cursu pernix, insidiisque vigil.
Nec frustra alterutrum; nam lauta culina juvabat
 Prædatam lepores alituumve genus.
Custodum acris erat septi tutela; sed illam
 Fallebat feles artibus atque dolo.
Verum prædatrix invita senescere cœpit,
 Et cursu et visu deinde valere minus.
Hinc illi anxietas, ne quando forte moranti
 Triste inopinato vulnus ab hoste foret.
Interea feli nigrans tubus ecce videtur
 Ante pedes, nitido clausus utrinque vitro.

Garni par ses deux bouts de deux glaces bien nettes :
    C'était une de ces lunettes
Faites pour l'Opéra, que par hasard, un soir,
Le maître avait perdue en ce lieu solitaire.
    Le chat d'abord la considère,
La touche de sa griffe, et, de l'extrémité,
La fait à petits coups rouler sur le côté,
Court après, s'en saisit, l'agite, la remue,
    Étonné que rien n'en sortît.
Il s'avise à la fin d'appliquer à sa vue
Le verre d'un des bouts ; c'était le plus petit.
Alors il aperçoit sous la verte coudrette
Un lapin que ses yeux tout seuls ne voyaient pas.
Ah ! quel trésor ! dit-il en serrant sa lunette,
Et courant au lapin qu'il croit à quatre pas.
Mais il entend du bruit ; il reprend sa machine,
S'en sert par l'autre bout, et voit dans le lointain
    Le garde qui vers lui chemine.
    Pressé par la peur, par la faim,
    Il reste un moment incertain,
Hésite, réfléchit, puis de nouveau regarde ;
Mais toujours le gros bout lui montre loin le garde,
Et le petit tout près lui fait voir le lapin.
Croyant avoir le temps, il va manger la bête ;
Le garde est à vingt pas, qui vous l'ajuste au front,
    Lui met deux balles dans la tête,
    Et de sa peau fait un manchon.
    Chacun de nous a sa lunette,
    Qu'il retourne suivant l'objet :
    On voit là-bas ce qui déplaît,
    On voit ici ce qu'on souhaite.

Sunt vitra, quæ partim convexa, et concava partim,
  Resque prope objiciunt amplificantque simul.
Unum erat ex istis, quod feles nostra repertum
  Mirata, alternis aspicit atque movet.
Nec semel explorat, sed sæpe rotatque feritque
  Ungue, stupetque foras e tubulo ire nihil.
Fors oculo nugans e vitris admovet unum,
  Quod magis amplificat, sit licet orbe minus.
Conspicit en subito leporem sub fronde virenti,
  Quem potis haud fuerat cernere visus hebes.
Quam bona præda mihi! dixit. Vitroque relicto,
  Ad leporem currit, quem putat esse prope.
Percipit at strepitum quemdam, tubulumque resumens,
  Hac vice per majus spectat inepta vitrum.
Custodem ecce videt contra se tendere; verum
  Ambiguam efficiunt hinc timor, inde fames.
Hæret paulisper, vitroque iterum utitur illo,
  Quo falso custos creditur esse procul.
Post minus usa vitrum : Lepus, inquit, proximus hic est;
  Atque brevi : Haud dubium, splendida cœna mihi.
Sed prope jam custos occidens occupat ipsam,
  Quæ densum tegimen pelle datura jacet.
Vitra alterna tubi meditate collocat unus
  Quisque, velut semper cuncta videre cupit.
Hæc quæcumque placent facit esse propinqua tuendo,
  Quæ minus arrident, rursus abesse sibi.

FABLE XVII

LE JEUNE HOMME ET LE VIEILLARD

De grâce, apprenez-moi comment l'on fait fortune,
Demandait à son père un jeune ambitieux.
Il est, dit le vieillard, un chemin glorieux,
C'est de se rendre utile à la cause commune,
De prodiguer ses jours, ses veilles, ses talents,
    Au service de la patrie.
    — Oh! trop pénible est cette vie :
    Je veux des moyens moins brillants.
— Il en est de plus sûrs, l'intrigue...— Elle est trop vile;
Sans vice et sans travail, je voudrais m'enrichir.
    — Eh bien! sois un simple imbécile;
    J'en ai vu beaucoup réussir.

FABLE XVIII

LA TAUPE ET LES LAPINS

Chacun de nous souvent connaît bien ses défauts;
    En convenir, c'est autre chose.
On aime mieux souffrir de véritables maux,
    Que d'avouer qu'ils en sont cause.
    Je me souviens, à ce sujet,
    D'avoir été témoin d'un fait
    Fort étonnant et difficile à croire :

FABULA XVII

JUVENIS ET SENEX

Me, pater, edoceas qui nomen habere decorum,
  Imprimis et opes amplificare queam.
Tali voce adiit patrem ambitiosus ephebus.
  Cui pater: Hanc semper certus habeto viam:
Usque tui oblitus, tu publica commoda cures:
  Prodesse et patriæ, vel moriendo, velis.
Continuo juvenis: Non me, inquit, tanta pericla,
  Sint ea quantumvis pulchra, subire juvat.
Da, pater, alta minus. — Do, fili, calliditatem...
  Ars hæc vilis et est atque inhonesta nimis.
Nolo divitias, est si labor ante ferendus;
  Nec volo, si fuerit fraus adhibenda mihi.
Horum nulla placent? Ergo jam desipe, fili;
  Sic etenim multis res bene gesta fuit.

FABULA XVIII

TALPA ET LEPORES

Nullus homo est prorsus vitiorum immunis; at illa
  Dissimulat, quorum conscius ipse sibi est.
Quin vitia haud ullus causam annuit esse doloris,
  Torqueat ima licet lapsus in ossa dolor.
Rem memini, et jus est oculato credere testi,
  Etsi credatur res superare fidem.
Festa cohors et ovans, secreto in gramine quondam

Mais je l'ai vu ; voici l'histoire.
Près d'un bois, le soir, à l'écart,
Dans une superbe prairie,
Des lapins s'amusaient sur l'herbette fleurie,
A jouer au colin-maillard.
Des lapins! direz-vous, la chose est impossible.
Rien n'est plus vrai pourtant : une feuille flexible
Sur les yeux de l'un d'eux en bandeau s'appliquait,
Et puis sous le cou se nouait ;
Un instant en faisait l'affaire.
Celui que ce ruban privait de la lumière,
Se plaçait au milieu ; les autres à l'entour
Sautaient, dansaient, faisaient merveilles,
S'éloignaient, venaient tour à tour
Tirer sa queue ou ses oreilles.
Le pauvre aveugle alors, se retournant soudain,
Sans craindre pot au noir, jette au hasard la patte ;
Mais la troupe échappe à la hâte.
Il ne prend que du vent, il se tourmente en vain,
Il y sera jusqu'à demain.
Une taupe assez étourdie,
Qui sous terre entendit ce bruit,
Sort aussitôt de son réduit,
Et se mêle dans la partie.
Vous jugez que, n'y voyant pas,
Elle fut prise au premier pas.
Messieurs, dit un lapin, ce serait conscience,
Et la justice veut qu'à notre pauvre sœur
Nous fassions un peu de faveur ;
Elle est sans yeux et sans défense ;
Ainsi je suis d'avis... — Non, répond avec feu
La taupe ; je suis prise, et prise de bon jeu.
Mettez-moi le bandeau. — Très-volontiers, ma chère,
Le voici ; mais je crois qu'il n'est pas nécessaire

Ludebant lepores, præcipitante die.
Illorum lusus non versu est dicere nomen;
    Verum isto possum significare modo.
Ante oculos uni e multis, velaminis instar,
    Fascia cingebat, pendula pone, caput.
Unus, cui fuerat velamine lumen ademptum,
    In medio stabat, meta statuta velut.
Interea saltare, choros et ducere lætos
    Circum turba procax, ludere mille modis;
Nunc tacito prodire gradu; nunc cedere retro,
    Vellere et unguiculis terga vel auriculam.
Velatus sedenim secure creber agebat
    Brachia, si quem sors prendere amica daret.
Jamque alii inde procul; jactuque clusus inani
    Tristari, nullum sic potuisse capi.
Hic æterna esset turbæ ludibria passus,
    Ipsi ni bona sors auxiliata foret.
Audiit ex alto ludentes talpa cubili;
    Emicat, et lusum participare venit.
Cæcutit, veluti proprium genus omne, misellus,
    Prensanti fuit hinc obvius ille brevi.
Tum lepus e cœtu : fratres, mihi credite, dixit :
    Relligio hic rigidos nos vetat esse nimis.
Hic modo præceptus frater cæcutit inermus,
    Ergo concedat debitus huicce favor.
Sic cœtum alloquitur, motus pietate patroni :
    Verum Talpa : Favor nolo sit iste mihi.
Sum, fratres, ita sors, ego sum sine fraude prehensus,
    Ergo oculos velet fascia vestra meos.
Ut libet, unus ait : Sed nodum stringere parcam.
    Tu quianam parcas stringere, Talpa refert.
Stringe mihi, video, nodum mihi stringe videnti ;
    En et adhuc video ; stringe ligamen adhuc.

Que nous serrions le nœud bien fort.
— Pardonnez-moi, monsieur, reprit-elle en colère ;
Serrez bien, car j'y vois... serrez, j'y vois encor.

FABLE XIX

LE ROSSIGNOL ET LE PRINCE

Un jeune prince, avec son gouverneur
    Se promenait dans un bocage,
    Et s'ennuyait suivant l'usage :
    C'est le profit de la grandeur.
Un rossignol chantait sous le feuillage ;
Le prince l'aperçoit et le trouve charmant ;
Et, comme il était prince, il veut dans le moment
    L'attraper et le mettre en cage.
    Mais pour le prendre il fait du bruit,
        Et l'oiseau fuit.
Pourquoi donc, dit alors Son Altesse en colère,
    Le plus aimable des oiseaux
Se tient-il dans les bois, farouche et solitaire,
Tandis que mon palais est rempli de moineaux ?
C'est, lui dit le mentor, afin de vous instruire
    De ce qu'un jour vous devez éprouver.
    Les sots savent tous se produire ;
Le mérite se cache : il faut l'aller trouver.

FABULA XIX

LUSCINIA ET PRINCEPS

Per silvam juvenis prodibat regius olim
    Cum duce, qui custos quotidianus erat.
Non juveni, hic etiam, facies innubila; namque
    Sectari reges tædia multa solent.
Interea edebat modulos Philomela canoros;
    Mellifluum ob cantum pulchra videtur avis.
Regulus hanc subito, talis namque omnia posse
    Autumat, in cavea vult habitare suam.
Dum vero trepidat, qui regia dicta capessit,
    Custos, se volucris proripit inde fuga.
Irasci princeps : Quare gratissima, dixit,
    Hæc avis in silva sic latitare solet?
En mea passeribus querulis male pipilat omnis
    Regia. Tum sapiens dicere mentor ad hæc :
Hæc loca sola colens te, princeps, admonet istud
    Utile, quod regem fallere quemque nefas.
Optima sæpe latet virtus; insania prodit;
    Illa adsciscenda est, hæc removenda tibi.

FABLE XX

L'AVEUGLE ET LE PARALYTIQUE

Aidons-nous mutuellement ;
La charge des malheurs en sera plus légère ;
Le bien que l'on fait à son frère,
Pour le mal que l'on souffre est un soulagement.
Confucius l'a dit ; suivons tous sa doctrine.
Pour la persuader aux peuples de la Chine,
Il leur contait le trait suivant :
Dans une ville de l'Asie
Il existait deux malheureux,
L'un perclus, l'autre aveugle, et pauvres tous les deux.
Ils demandaient au ciel de terminer leur vie.
Mais leurs cris étaient superflus ;
Ils ne pouvaient mourir. Notre paralytique,
Couché sur un grabat dans la place publique,
Souffrait sans être plaint, il en souffrait bien plus.
L'aveugle, à qui tout pouvait nuire,
Était sans guide, sans soutien,
Sans avoir même un pauvre chien
Pour l'aimer et pour le conduire.
Un certain jour, il arriva
Que l'aveugle à tâtons, au détour d'une rue,
Près du malade se trouva ;
Il entendit ses cris, son âme en fut émue.
Il n'est tels que les malheureux
Pour se plaindre les uns les autres.
J'ai mes maux, lui dit-il, et vous avez les vôtres.
Unissons-les, mon frère, ils seront moins affreux.

FABULA XX

CÆCUS ET PARALYTICUS

Auxilia in miseris demus si mutua rebus,
 Jam minus ærumnæ corda gravabit onus.
Quæ fratri a nobis venient benefacta dolenti,
 Hæc eadem nobis dulce juvamen erunt.
O utinam gentes præceptum tale sequantur !
 Hæc in eum finem fabula ficta venit.
Forte fuere duo cives, paralyticus unus,
 Alter cæcus, opum nudus uterque super.
Orabant mortem miserandi supplice voce,
 Et grave semper eis vita manebat onus.
Stratus erat lecto paralyticus, absque benignis
 Suppetiis, ægro quos dat amica manus.
Ecquis plus patitur quam qui solatia nulla
 Sortitur, nullo compatiente sibi.
Cæcus, cui poterant gradienti cuncta nocere,
 Et sine consiliis ibat, et absque duce.
Quin attenta canis deerat tutela fidelis,
 Qui foret incerto dux simul atque comes.
Forte viam baculo dum quæritat, invenit ægrum,
 Lento cui morbo membra soluta jacent.
Cæcus, ut ægrotum cognovit voce propinquum,
 Constitit, hunc miserans indoluitque pius.
Semper eo instinctu, quo non est acrior alter,
 Cum miseris miseri condidicere pati.
Si patior, pateris ; mala consociemus utraque ;
 Hac ratione minus fiet utrique suum.
Sic dixit cæcus. Contra paralyticus : Eheu !

Hélas! dit le perclus, vous ignorez, mon frère,
    Que je ne puis faire un seul pas;
    Vous-même, vous n'y voyez pas;
A quoi nous servirait d'unir notre misère?
A quoi? répond l'aveugle; écoutez; à tous deux
Nous possédons le bien à chacun nécessaire;
    J'ai des jambes et vous des yeux;
Moi, je vais vous porter; vous, vous serez mon guide:
Vos yeux dirigeront mes pas mal assurés.
Mes jambes, à leur tour, iront où vous voudrez.
Ainsi, sans que jamais notre amitié décide
Qui de nous deux remplit le plus utile emploi,
Je marcherai pour vous, vous y verrez pour moi.

Non uno passu crura movere queo.
Es vero, frater, tu cassus lumine. Quorsum
    Nobis proficient consociata mala?
Quorsum? Cæcus ait... Socii sed possumus ambo
    Illud habere quod est cuique necesse bonum.
Crura habeo, tu lumina; nobis sunt satis illa;
    Te gestabo humeris; ductor at esse vales.
Sic regere ipse meos poteris tu lumine gressus,
    Et quocumque voles te mea crura ferent.
Nos igitur degemus abhinc socialiter ambo;
    Pes tibi semper ero, tu mihi lumen eris.

LIVRE SECOND

FABLE I

LA MÈRE, L'ENFANT ET LES SARIGUES

A MADAME DE LA BRICHE.

Vous de qui les attraits, la modeste douceur,
Savent tout obtenir et n'osent rien prétendre ;
Vous que l'on ne peut voir sans devenir plus tendre
Et qu'on ne peut aimer sans devenir meilleur ;
Je vous respecte trop pour parler de vos charmes,
    De vos talents, de votre esprit...
Vous avez déjà peur, bannissez vos alarmes,
    C'est de vos vertus qu'il s'agit.
Je veux peindre en mes vers des mères le modèle,
Le sarigue, animal peu connu parmi nous,
    Mais dont les soins touchants et doux,
    Dont la tendresse maternelle,
    Seront de quelque prix pour vous.
    Le fond du conte est véritable :
Buffon m'en est garant ; qui pourrait en douter ?
D'ailleurs, tout dans ce genre a droit d'être croyable
Lorsque c'est devant vous qu'on peut le raconter.
Maman, disait un jour à la plus tendre mère
Un enfant péruvien sur ses genoux assis :
Quel est cet animal qui, dans cette bruyère,

LIBER SECUNDUS

FABULA I

MATER, PUER ET SARIGÆ

AD MATRONAM VENERANDAM.

Quæ tanta bonitate places, vultuque sereno,
  Sic regnans, quamvis ambitione cares;
Virtutem, qui te, matrona augusta, videbit,
  Et faciet pluris, plus et amare volet;
Parce, modesta, metu; non te laudabo decoram
  Ingenio, sed quæ sunt imitanda feram.
Matrum ergo exemplar tantummodo prodere mens est,
  Omnia quod debent corda probare bonum.
Materna est animal dignum pietate notari,
  Quod jam dicetur voce sariga nova.
Res narranda mihi mera non est fabula; namque,
  Cum Buffo affirmet, quis dubitare velit?
Jam mea, si non fallor, habebunt verba fidem, si
  Tu mihi narranti singula testis eris.
Mamma bona, aiebat bene nato corde puellus
  Matri admirandæ cordis amore pio.
Quale animal video cuncta cum prole pererrans
  Hæc loca; vulpinum suspicor esse genus.
Nate, genus refert nil nostra quale sit illi;
  Hujus quæ tibi sunt utiliora scias.

Se promène avec ses petits ?
Il ressemble au renard. Mon fils, répondit-elle,
　　Du sarigue c'est la femelle.
　　Nulle mère pour ses enfants
N'eut jamais plus d'amour, plus de soins vigilants.
La nature a voulu seconder sa tendresse,
　　Et lui fit, près de l'estomac,
Une poche profonde, un espèce de sac,
　　Où ses petits, quand un danger les presse,
　　Vont mettre à couvert leur faiblesse.
Fais du bruit, tu verras ce qu'ils vont devenir.
L'enfant frappe des mains ; la sarigue attentive
　　Se dresse, et, d'une voix plaintive,
Jette un cri ; les petits aussitôt d'accourir,
　　Et de s'élancer vers leur mère,
En cherchant dans son sein leur retraite ordinaire.
　　La poche s'ouvre, les petits
　　En un moment y sont blottis ;
Ils disparaissent tous ; la mère, avec vitesse,
　　S'enfuit, emportant sa richesse.
La Péruvienne alors dit à l'enfant surpris :
　　Si jamais le sort t'est contraire,
Souviens-toi du sarigue ; imite-le, mon fils.
L'asile le plus sûr est le sein d'une mère.

FABLE II

LE BONHOMME ET LE TRÉSOR

　　Un bonhomme de mes parents,
　　Que j'ai connu dans mon jeune âge,
Se faisait adorer de tout son voisinage.

Mater ea est, qua non et amantior ulla refertur,
    Aut erga natos sedulitate prior,
Ipsi mirifice favit natura ministra;
    Namque habilem stomacho consuit alma sinum.
Confugiunt illuc nati, propiore periclo,
    Securi atque omnes, matre tuente, manent.
Experiare licet; strepitum des, atque videbis
    Ut quisque illorum consulat ipse sibi.
Dat strepitum puer, atque, arrecta protinus aure,
    Se tollit mater cum gemituque monet.
Hoc moniti signo certatim accurrere nati,
    Perfugiumque omnes rursus inire suum.
Jamque sinus patuit; notoque abdomine tutam
    Progeniem gestans provida mater abit.
Inde statim conversa suo matercula dixit :
    Si qua in te, fili, vis inimica ruat :
Prudens prudentes natos imitare sarigæ ;
    Maternosque sinus incola tectus habe.

FABULA II

VIR BONUS ET THESAURUS

Vir fuit ingenio lenis, sermone benignus,
    Cui multa a multis signa favoris erant.
Consilium ipse bonum solitus præbere petenti

Consulté, vénéré des petits et des grands,
Il vivait dans sa terre en véritable sage.
  Il n'avait pas beaucoup d'écus,
Mais cependant assez pour vivre dans l'aisance ;
  En revanche force vertus,
  Du sens, de l'esprit par-dessus,
Et cette aménité que donne l'innocence.
  Quand un pauvre venait le voir,
S'il avait de l'argent, il donnait des pistoles,
Et, s'il n'en avait point, du moins par ses paroles
Il lui rendait un peu de courage et d'espoir.
  Il raccommodait les familles,
Corrigeait doucement les jeunes étourdis ;
  S'intéressant aux jeunes filles,
  Il leur trouvait de bons maris.
  Indulgent aux défauts des autres,
Il répétait souvent : N'avons-nous pas les nôtres ?
Ceux-ci sont nés boiteux, ceux-là sont nés bossus ;
  L'un un peu moins, l'autre un peu plus.
  La nature de cent manières
Voulut nous affliger ; marchons ensemble en paix.
  Le chemin est assez mauvais,
  Sans nous jeter encor des pierres.
  Or, il arriva certain jour
Que notre bon vieillard trouva dans une tour
  Un trésor caché sous la terre.
  D'abord il n'y voit qu'un moyen
  De pouvoir faire plus du bien.
  Il le prend, l'emporte et le serre.
Puis, en réfléchissant, le voilà qui se dit :
Cet or, que j'ai trouvé, ferait plus de profit,
  Si j'en augmentais mon domaine ;
J'aurais plus de vassaux, je serais plus puissant.
Je puis mieux faire encor ; dans la ville prochaine,

Degebat, sophiæ semper amore duce.
Illi divitiæ non grandes ; hoc tamen unde
 Ambitione procul, vivit honesta domus.
Illi et erat pariter mens sana, et plurima virtus,
 Et pax illa animi quæ beat alma probos,
Poscenti nummos facilis præstabat egeno,
 Dum sibi suppeteret summa rogata modo.
Nummi si deerant, at certe cordibus ægris
 Addere spem poterat dulce loquendo bonam.
Noverat aversos medius componere fratres,
 Hos cohibere etiam quos agit ira furens.
Commodus idem aliis parcebat, dicere suetus :
 Nonne et mendosi nos alicunde sumus ?
Claudus hic, ille autem gibbosus, cæcus et alter,
 Cuilibet est vitii plusve minusve sui.
Est aliis aliter certe natura maligna ;
 Vita sit ut nobis pacis amica decet.
Jam nos difficilis nimio via lædit euntes ;
 Absit ut in lassos mutua saxa pluant !
Isti multa viro comperta pecunia quondam,
 Quam vetere in turri fossa tegebat humus.
Ditior hinc, primo decrevit plura daturum
 Pluribus ; idque pium ; pœnituitque brevi.
Gazæ erit inventæ, dixit, sapientior usus,
 Si deinde extendi possit avitus ager.
Cresceret hinc nomen, fieretque potentia major.
 Sed subit in mentem quod melius sit adhuc.
Nobile munus emam, nostra sim præses in urbe ;
 Nonne fuit cuivis grande præesse decus ?
Ignoro, fateor, civilia jura ; sed omne,
 Per regem nummum, munus habere datur.
Talia dum tacitus meditatur somnia secum,
 Vicino e pago nuntius ista refert :
Campo in gramineo ludit festiva juventus,

Achetons une charge, et soyons président.
    Président ! cela vaut la peine.
Je n'ai pas fait mon droit ; mais avec mon argent
On m'en dispensera, puisque cela s'achète.
    Tandis qu'il rêve et qu'il projette,
    Sa servante vient l'avertir
    Que les jeunes gens du village
Dans la cour du château sont à se divertir.
    Le dimanche, c'était l'usage,
Le seigneur se plaisait à danser avec eux.
Oh ! ma foi, répond-il, j'ai bien d'autres affaires ;
Que l'on danse sans moi. L'esprit plein de chimères,
Il s'enferme tout seul pour se tourmenter mieux.
    Ensuite il va joindre à sa somme
Un petit sac d'argent, reste du mois dernier.
    Dans l'instant arrive un pauvre homme,
    Qui tout en pleurs vient le prier
De vouloir lui prêter vingt écus pour sa taille :
Le collecteur, dit-il, va me mettre en prison,
    Et n'a laissé dans ma maison
    Que mes six enfants sur la paille.
Notre nouveau Crésus lui répond durement,
    Qu'il n'est point en argent comptant.
Le pauvre malheureux le regarde, soupire,
    Et s'en retourne sans mot dire.
Mais il n'était pas loin que notre bon seigneur
    Retrouve tout à coup son cœur.
    Il court au paysan, l'embrasse,
    De cent écus lui fait le don,
    Et lui demande encor pardon.
Ensuite il fait crier que sur la grande place
Le village assemblé se rende dans l'instant.
    On obéit. Notre bonhomme
    Arrive avec toute sa somme,

Teque suum festum participare cupit.
Non ita ; nolo ego, ait. Juvenes sua festa celebrent !
  Sed mihi non hodie concelebrare vacat.
Res me operosa domi retinet. Nec plura moratus,
  Huc redit ad curam quæ cor acerba gravat.
Illic alios nummis præsentibus addit avarus,
  Quos quæstu insolito fecerat esse suos.
Tum quidam lacrymans ad eum pauperrimus intrat ;
  Mutuor ad messem ; des, ait, æra, precor.
Auxiliare mihi, quem, si non solvo vadatus,
  Carceris horrendi vincula dura manent.
Jam fuit imperio crudeli ablata supellex ;
  Sex remanent pueri quos premit atra fames.
Cresus ad hoc alter, quem durat sæva cupido :
  Nummus, et id doleo ! nunc mihi nullus, ait.
Pauper eum aspiciens, gemitum de pectore ducit,
  Et secum tacite jam doliturus abit.
Vix aberat pauper, cum dives, ut ante, benignus,
  Hunc petit amplexu collacrymansque tenet.
Cor, ait, æs sacrum duraverat ; en tibi nummos
  Dono ter centum ; tu mihi, parce, precor.
Dein per præconem proclamat dives, ut omnis
  Majorem ad plateam pagus adesse velit.
Convenere omnes ; at noster quidquid habebat
  Nummorum et profert in cumulumque ruit.
Ex quo me penes est, ait, illa pecunia tanta,
  Non eadem est mihi mens, cor neque sentit idem.
Mens mea vana studet, cor vero obduruit, ut jam
  Me fletu nullus tangere possit inops.
Hanc a me pestem procul ejiciatis, amici,
  Quod soli est nimium, multus habere potest.
Partem quisque domum thesauri transferat hujus,
  Qui tantum potis est hocce juvare modo.
Plus vero, si uni est, oberit quam proderit ipsi ;

4

En un seul monceau la répand.
Mes amis, leur dit-il, vous voyez cet argent :
Depuis qu'il m'appartient, je ne suis plus le même ;
Mon âme est endurcie, et la voix du malheur
    N'arrive plus jusqu'à mon cœur.
Mes enfants, sauvez-moi de ce péril extrême ;
Prenez et partagez ce dangereux métal ;
Emportez votre part chacun dans votre asile.
Entre tous divisé, cet or peut être utile :
Réuni chez un seul, il ne fait que du mal.
    Soyons contents du nécessaire,
Sans jamais souhaiter des trésors superflus ;
Il faut les redouter autant que la misère ;
    Comme elle ils chassent les vertus.

FABLE III

LE VIEUX ARBRE ET LE JARDINIER

    Un jardinier, dans son jardin,
    Avait un vieux arbre stérile ;
C'était un grand poirier, qui fut jadis fertile ;
Mais il avait vieilli ; tel est notre destin.
Le jardinier ingrat veut l'abattre un matin ;
    Le voilà qui prend sa cognée.
    Au premier coup, l'arbre lui dit :
Respecte mon grand âge, et souviens-toi du fruit
    Que je t'ai donné chaque année.
La mort va me saisir, je n'ai plus qu'un instant ;
    N'assassine pas un mourant
Qui fut ton bienfaiteur. — Je te coupe avec peine,
Répond le jardinier ; mais j'ai besoin de bois.

Semper enim in pejus gaza superba rapit.
Quod satis est, parvo contenti simus abunde,
  Atque supervacuæ non cupiantur opes.
Quæ superant, tam sunt quam sors inimica, timenda;
  Divitiis virtus non amat ire comes.

FABULA III

ANNOSA ARBOR ET HORTULANUS

Agricolæ grandæva pyrus surgebat in horto,
  Olim quæ dederat plurima poma ferax.
Sed nunc, est etenim fato infecunda senectus,
  Fructibus haud ullis utilis arbor erat.
Vir parat ingratus succidere inutile lignum:
  Jamque dat immeritæ vulnera sæva pyro.
Arbor ait percussa, seni tu parce caducæ,
  Tanta olim fruitus fertilitate mea.
Prodiga nonne dedi tibi suavia poma quotannis;
  Hujus nonne voles muneris esse memor?
En morior; ne me moribundam læde bipenni,
  Hoc melius de te promeruisse reor.
Horti cultor ad hæc : Te cædere pœnitet, inquit,

   Alors, gazouillant à la fois,
   De rossignols une centaine
S'écrie : Épargne-le, nous n'avons plus que lui.
Lorsque ta femme vient s'asseoir sous son ombrage,
Nous la réjouissons par notre doux ramage ;
Elle est seule souvent, nous charmons son ennui.
Le jardinier les chasse, et rit de leur requête :
Il frappe un second coup. D'abeilles un essaim
Sort aussitôt du tronc, en lui disant : Arrête,
   Écoute-nous, homme inhumain.
   Si tu nous laisses cet asile,
   Chaque jour nous te donnerons
Un miel délicieux, dont tu peux à la ville
   Porter et vendre les rayons ;
Cela te touche-t-il ? — J'en pleure de tendresse,
   Répond l'avare jardinier ;
Eh ! que ne dois-je pas à ce pauvre poirier
   Qui m'a nourri dans sa jeunesse ?
Ma femme quelquefois vient ouïr ces oiseaux ;
C'en est assez pour moi : qu'ils chantent en repos.
Et vous qui daignerez augmenter mon aisance,
Je veux pour vous de fleurs semer tout ce canton.
Cela dit, il s'en va, sûr de sa récompense,
   Et laisse vivre le vieux tronc.

   Comptez sur la reconnaissance
   Quand l'intérêt vous en répond.

Pomiferam ; sed opus ligna parare foco.
Lusciniæ hic hominem vocales mille precari,
  Frondifero ut ligno vivere detur adhuc.
Illic uxor, recinunt, si frigus amabile captet,
  Usque avida dulces excipit aure sonos.
Blandisoni cantus illi solamen amicum
  Præbent, cum solam tædia amara premunt.
Negligit orantes nihil ille uxorius : Ecquid
  Curet enim, gratum si modulentur aves.
Ergo iterat vulnus crudele. Repente ruentes
  E trunco, circum conglomerantur apes,
Parce ferire, aiunt, manus impia, parce ferire,
  Nostraque servetur non violata domus.
Illic etenim nobis si per te habitare licebit,
  Quotidie dabimus dulcia mella tibi ;
Dulcia nec tantum, quantum et venalia multo
  Nummo. Nonne tibi spes venit inde bona?
Aurea spes, inquit. Meritam bene semper amavi
  Hancce pyrum, atque illam semper amare volo.
Nempe ex ingrato spes aurea fecerat illum
  Nunc memorem ; idcirco tam pia verba dedit…
Quas ego, dicebat, persolvere debeo grates
  Illi, quæ toties tot bona poma tulit!
Luscinias suevit conjux audire sub ista
  Arbore; et hæc rursus frondeat usque recens ;
Quin juvat et volucres illic habitare quietas,
  Dulcisono et varium fundere ab ore melos.
Vobis, melliflcæ, per quas ditescere possim,
  Pabula sufficiam flore sapora thymi.
Ille hæc; et quia spes animum jam dives inaurat,
  Dat veniam, ut vivat jam male jussa mori.
Gratia ab ingratis certo sperabitur ulla,
  Dummodo spes illis luceat ulla lucri.

FABLE IV

LA BREBIS ET LE CHIEN

La brebis et le chien, de tous les temps amis,
Se racontaient un jour leur vie infortunée.
Ah ! disait la brebis, je pleure et je frémis,
Quand je songe aux malheurs de notre destinée.
Toi, l'esclave des hommes, adorant des ingrats,
    Toujours soumis, tendre et fidèle,
    Tu reçois, pour prix de ton zèle,
    Des coups et souvent le trépas.
    Moi, qui, tous les ans, les habille,
Qui leur donne du lait, et qui fume leurs champs,
Je vois, chaque matin, quelqu'un de ma famille
    Assassiné par ces méchants.
Leurs confrères les loups dévorent ce qui reste.
    Victime de ces inhumains,
Travailler pour eux seuls, et mourir par leurs mains,
    Voilà notre destin funeste !
Il est vrai, dit le chien ; mais crois-tu plus heureux
    Les auteurs de notre misère ?
    Va, ma sœur, il vaut encor mieux
    Souffrir le mal que de le faire.

FABULA IV

OVIS ET CANIS

Blanda ovis atque canis, sociabile par et amicum,
   Ambo recensebant sortis amara suæ.
Heu! dicebat ovis, ploro atque perhorreo, cumque
   Fatum succurrit quam sit utrique ferum!
Tu servis homini, male grato scilicet usque
   Gratus, et illius singula jussa facis.
Idem fidus, amans, pro tali munere plagas
   Accipis, atque etiam sæpe jubere mori.
Anni quotquot eunt, homines ego vestio molli
   Lana; quin ipsos nutrio lacte meo.
Omne meum prodest; nec stercus inutile dicam;
   Effœtos etenim fertile dilat agros.
Quotidie nostro nihilominus e grege multa
   Victima sub cultro sanguinolenta cadit.
Quidve lupos referam? Tu scis, prædantur ovile,
   Non secus atque homines exitiale genus.
Nos ergo famulari, et pro mercede perire
   Per dominos, ea lex nos odiosa gravat.
Vera quidem memoras, Canis inquit; non tamen illis
   Sors dominis, veluti reris, amica, favet.
O bona, crede mihi, melius patieris iniquum
   Quam si inferre voles ipsa nociva malum

FABLE V

LE TROUPEAU DE COLAS

Dès la pointe du jour, sortant de son hameau,
Colas, jeune pasteur d'un assez beau troupeau,
    Le conduisait au pâturage.
    Sur la route il trouve un ruisseau,
Que, la nuit précédente, un effroyable orage
Avait rendu torrent. Comment passer cette eau?
Chiens, brebis et berger, tout s'arrête au rivage.
En faisant un circuit, l'on eût gagné le pont;
C'était bien le plus sûr, mais c'était le plus long;
Colas veut abréger. D'abord il considère
    Qu'il peut franchir cette rivière;
    Et, comme ses béliers sont forts,
    Il conclut que, sans grands efforts,
Le troupeau sautera. Cela dit, il s'élance;
Son chien saute après lui; béliers d'entrer en danse,
    A qui mieux mieux; courage, allons!
    Après les béliers, les moutons;
Tout est en l'air, tout saute, et Colas les excite,
    En s'applaudissant du moyen.
Les béliers, les moutons sautèrent assez bien;
    Mais les brebis vinrent ensuite;
Les agneaux, les vieillards, les faibles, les peureux,
    Les mutins, corps toujours nombreux,
Qui refusaient le saut, ou sautaient de colère;
    Et, soit faiblesse, soit dépit,
    Se laissaient choir dans la rivière.
Il s'en noya le quart, un autre quart s'enfuit,

FABULA V

GREX LYCIDÆ

Mane gregem Lycidas ad pascua ductor agebat;
    Mox aqua torrentis trajicienda fuit.
Plerumque hac lenis tantummodo rivulus ibat;
    Multam at nocturnus fecerat imber aquam.
Inde mora; invitum consistere debuit agmen,
    Namque in conspectu pons ibi nullus erat.
Pons tamen, at procul hinc, ripam jungebat utramque;
    Ductorem at piguit ponte venire tenus.
Quapropter celerans, nec erat celerare necesse,
    Dux ovium Lycidas insipienter agit.
Sum potis, aiebat, saltu transmittere rivum,
    Trans aries pariter quilibet ire potest:
Et sic, conjicio, reliquum pecus omne sequetur.
    Concitus extemplo transilit ipse prior.
Transilit atque canis: tunc omnis tollere sese
    Æmulus hic aries, crura movere celer.
Alter it alterius sectator, missilis instar,
    Trans et aquam series continuata salit.
Hoc videt hortator Lycidas, plauditque videndo;
    Credere nam poterat consuluisse bene.
Transiliere brevi torrentem viribus acres
    Quotquot erant; sed nunc pone moventur oves:
Insuper et pavidi, imbelles, agnique senesque,
    Necnon indociles, quod genus usque frequens.
Et, sive his deerant vires, sive ipsa voluntas,
    Trans rivum haud poterant se saliendo dare.
Quare, deficiente animo, suadente vel ira,

Et sous la dent du loup périt.
Colas, réduit à la misère,
S'aperçut, mais trop tard, que pour un bon pasteur,
Le plus court n'est pas le meilleur.

FABULA VI

LES DEUX CHATS

Deux chats, qui descendaient du fameux Rodilard,
Et dignes tous les deux de leur noble origine,
Différaient d'embonpoint : l'un était gras à lard,
C'était l'aîné. Sous son hermine,
D'un chanoine il avait la mine,
Tant il était dodu, potelé, frais et beau.
Le cadet n'avait que la peau
Collée à sa tranchante échine.
Cependant ce cadet, du matin jusqu'au soir,
De la cave à la gouttière,
Trottait, courait, il fallait voir !
Sans en faire meilleure chère.
Enfin, un jour, au désespoir,
Il tient ce discours à son frère :
Explique-moi par quel moyen,
Passant ta vie à ne rien faire,
Moi travaillant toujours, on te nourrit si bien,
Et moi si mal ! La chose est claire,
Lui répondit l'aîné : tu cours tout le logis,
Pour manger rarement quelque maigre souris...
— N'est-ce pas mon devoir ? — D'accord, cela peut
Moi, je reste auprès du maître, [être...

Multis evenit præcipitare in aquam.
Pars periere in aquis, pars abiere vagatum,
  Atque avidis omnes præda fuere lupis.
Tum sensit Lycidas gregis unicuique magistro
  Non, quodcumque breve est, semper id esse bonum.

FABLE VI

DUÆ FELES

Forte duæ feles, Rapilardi digna propago,
  Dissimiles facto corpore prorsus erant.
Una nitens cute curata bene, pinguis, obesa,
  Ornabat vegetos veste comante toros.
Altera, deformi macie tenuata, rigebat,
  Arida per lumbos ossa tegente cute.
Hæc rapido passu currens, semperque recurrens,
  Totam infra atque supra suerat obire domum.
Incassum sed erat cursu irrequieta volucri,
  Non erat inde illi lauta culina magis.
Tandem corde dolens, sic est affata sororem :
  Me tandem doceas quod rogo, amica, soror.
Cur mihi tam vigili est insuavis cœnula, dum tu
  Pascere jucunda desidiosa dape?
Res patet, altera ait; suesti cursare per omnem
  Gnava domum, et merces mus solet esse tua.
At jubet officium curare hæc, altera dixit.
  — Officium jubeat; sed meliora sequor.
Namque meum prope herum maneo ingeniosa volentem,
  Quem pedibus ludens, ungue latente, juvo.
Mensam participans, gratissima fercula quæ sunt,
  Ipsa lego, aut solita blandula voce peto.

Je sais l'amuser par mes tours.
Admis à ses repas, sans qu'il me réprimande,
Je prends de bons morceaux, et puis, je les demande
En faisant patte de velours;
Tandis que toi, pauvre imbécile!
Tu ne sais rien que le servir.
Va, le secret de réussir,
C'est d'être adroit, non d'être utile.

FABLE VII

LE SINGE QUI MONTRE LA LANTERNE MAGIQUE

Messieurs les beaux esprits, dont la prose et les vers
Sont d'un style pompeux et toujours admirable,
Mais que l'on n'entend point, écoutez cette fable,
Et tâchez de devenir clairs.
Un homme, qui montrait la lanterne magique,
Avait un singe dont les tours
Attiraient chez lui grand concours :
Jacqueau, c'était son nom, sur la corde élastique
Dansait et voltigeait au mieux,
Puis faisait le saut périlleux;
Et puis, sur un cordon, sans que rien le soutienne,
Le corps droit, fixe, d'aplomb
Notre Jacqueau fait tout du long
L'exercice à la prussienne.
Un jour qu'au cabaret son maître était resté,
C'était, je pense, un jour de fête,
Notre singe, en liberté,
Veut faire un coup de sa tête.
Il s'en va rassembler les divers animaux

Tu stolide nescis nisi gratis utilis esse:
  Consilium, quod nunc do tibi, sume bonum.
Usque tibi bene erit, non si prodesse laboras,
  Provida sed si rem calliditate geris.
Tale bonum numquam, libeat nisi dicere prave,
  Consilium dicas; utile forsan id est.

FABULA VII

SIMIUS OSTENDENS MAGICAM LANTERNAM

Vos qui grandiloquo res miras ore sonatis,
  Quos et inaccessos nubila densa tegunt;
Hæc vos nubiferi, rectè fabella docebit
  A scriptis tenebras luce fugare procul.
Quidam vir magicam turbæ monstrare solebat
  Laternam, et quidquid prodigiale capit.
Simius huic celeber funambulus arte magistra
  Turbam adsciscebat ludius usque novus.
Namque videbatur, nunc se pede sistere in uno,
  Nunc saltu extolli, seque rotare celer;
Mox in fune jacens, librans et in aere corpus,
  Impete paulo post rectus adesse cito.
Forte die quadam, dominum remorante popina,
  Simius absentis tentat obire vicem.
Ergo animale genus quam primum convocat omne;
  Nec præconis opus voce vibrante fuit.
Feles atque canes, anates, gallique, suesque
  Conveniendo replent, gens numerosa, vias.
Huc properate omnes, domini, properate, videte

Qu'il peut rencontrer dans la ville.
Chiens, chats, poulets, dindons, pourceaux,
　　　Arrivent bientôt à la file.
Entrez, entrez, messieurs, criait notre Jacqueau ;
C'est ici, c'est ici qu'un spectacle nouveau
Vous charmera gratis. Oui, messieurs, à la porte
On ne prend point d'argent ; je fais tout pour l'honneur.
　　　A ces mots, chaque spectateur
　　　Va se placer, et l'on apporte
La lanterne magique ; on ferme les volets ;
　　　Et, par un discours fait exprès,
　　　Jacqueau prépare l'auditoire.
　　　Ce morceau vraiment oratoire
　　　Fit bâiller ; mais on applaudit.
Content de son succès, notre singe saisit
　　Un verre peint, qu'il met dans sa lanterne.
　　　Il sait comment on le gouverne,
Et crie, en le poussant : Est-il rien de pareil ?
　　　Messieurs, vous voyez le soleil,
　　　Ses rayons et toute sa gloire.
Voici présentement la lune, et puis l'histoire
　　　D'Adam, d'Ève et des animaux...
　　　Voyez, messieurs, comme ils sont beaux ;
　　　Voyez la naissance du monde ;
Voyez... Les spectateurs, dans une nuit profonde,
Écarquillaient leurs yeux et ne pouvaient rien voir ;
　　L'appartement, le mur, tout était noir.
Ma foi, disait un chat, de toutes les merveilles
　　　Dont il étourdit nos oreilles,
　　　Le fait est que je ne vois rien.
　　　Ni moi non plus, disait un chien.
Moi, disait un dindon, je vois bien quelque chose ;
　　　Mais je ne sais pour quelle cause
　　　Je ne distingue pas très-bien.

Quæ gratis hodie mira videre licet.
Dico iterum cunctis, properate, pecunia nulla
 Exigitur; nobis sufficit unus honor.
Simius hæc præco irrequies referebat, et omnes
 Quisque suo sese composuere loco.
Laterna affertur; lucis præluditur usus
 Externæ, et fit ibi sermo paratus ad hoc.
Oscitat hic multus; resonant tamen omnia plausu,
 Plaudendi quando clausula signa canit.
Simius exultans, avida spectante corona,
 In vitro pictum promere quidquid erat.
Tum scite ipse regens vitrum mirabile, clamat:
 Cernite, nil totus pulchrius orbis habet.
Eminet hic vobis nitidissima solis imago;
 Illic ex adverso luna bicornis adest.
Cernite; succedunt nunc singula monstra stupenda,
 Quæ passim ostendunt sidera, terra, mare...
Cernite... Spectantes, subducto lumine, binos
 Tendentes oculos, prompta videre student.
At cupidis oculis nihil est haurire tuendo;
 Omnia nam nigrant, arca, tabella, vitrum.
Tum feles: Nobis illic miracula multa
 Simius ostendit; cerno sed ipsa nihil.
Nil et ego canis, et nondum cæcutio, dixit.
 Indicus at gallus non ibi plura videt:
Sed vidisse putans, singultim talia jactat:
 Contento intuitu percipio leve quid,
Percipio certe; quid vero aut quale sit illud
 Confiteor nondum perspicuum esse mihi.
Interea orator, cui plurima copia fandi,
 Si non res pulchras, verba decora dabat;
Id tamen, et magnum est, solummodo fugerat illum,
 Nempe in laterna rite locare facem.

Pendant tout ce discours, le Cicéron moderne
Parlait élégamment, et ne se lassait point.
    Il n'avait oublié qu'un point,
    C'était d'éclairer sa lanterne.

FABLE VIII

L'ENFANT ET LE MIROIR

Un enfant, élevé dans un pauvre village,
Revint chez ses parents, et fut surpris d'y voir
    Un miroir.
    D'abord il aima son image ;
Et puis, par un travers bien digne d'un enfant,
    Et même d'un être plus grand,
    Il veut outrager ce qu'il aime,
Lui fait une grimace, et le miroir la rend.
    Alors son dépit est extrême ;
    Il lui montre un poing menaçant,
    Il se voit menacé de même.
Notre marmot fâché s'en vient, en frémissant,
    Battre cette image insolente ;
Il se fait mal aux mains ; sa colère en augmente ;
    Et furieux, au désespoir,
    Le voilà devant ce miroir,
    Criant, pleurant, frappant la glace.
Sa mère, qui survient, le console et l'embrasse,
Tarit ses pleurs, et doucement lui dit :
N'as-tu pas commencé par faire la grimace
A ce méchant enfant qui cause ton dépit ?
— Oui — Regarde à présent : tu souris, il sourit ;
Tu tends vers lui les bras, il te les tend de même ;
Tu n'es plus en colère, il ne se fâche plus.
De la société tu vois ici l'emblème ;
    Le bien, le mal, nous sont rendus.

FABULA VIII

PUER ET SPECULUM

Vix de classe recens puer olim nactus eundo
    Læve vitrum speculi, constitit ante stupens.
Illic primum propria lætatur imagine ; sed mox
    Mobilis in pejus vertitur hujus amor.
Namque ut mos puero est, necnon juvenique senique,
    Hoc ipsum iste levis lædere vult quod amat.
Os ergo ad speculum rictu deturpat hiulco,
    Et redit a speculo rictus hiulcus item.
Tum furere, et pugnum simul intentare minacem
    Noster, et est visus pugnus adesse minax.
Hac vice fervidior stimulante juvenculus ira,
    Impacto pugno percutit ipse vitrum :
Frangitur, atque secat percussum fragmine acuto
    Huic teneram, quæ fit sanguinolenta, manum;
Hinc querulas voces emittere, cæcus et ultor
    Immerito plagas congeminare vitro.
Accurrit festina parens, puerumque dolentem
    Complexu excipiens verba benigna facit.
Nonne os ante illum torsisti turpiter, inquit,
    Qui nunc intorto displicet ore tibi?
Aspice ; ridenti subrisit et ille vicissim ;
    Brachia si tendes, rursus et ille dabit.
Nunc tua cum cessant violenti signa furoris,
    Jam non ipsius cernis in ore minas.
Sic uni quoties facimus bona seu mala cuique,
    Jam fiunt nobis rursus et alterutra.

FABLE IX

LE BOUVREUIL ET LE CORBEAU

Un bouvreuil, un corbeau, chacun dans une cage,
    Habitaient le même logis.
    L'un enchantait par son ramage
La femme, le mari, les gens, tout le ménage ;
L'autre les fatiguait sans cesse par ses cris.
Il demandait du pain, du rôti, du fromage,
    Qu'on se pressait de lui porter,
    Afin qu'il voulût bien se taire.
Le timide bouvreuil ne faisait que chanter,
Et ne demandait rien : aussi, pour l'ordinaire,
    On l'oubliait ; le pauvre oiseau
    Manquait souvent de grain et d'eau.
Ceux qui louaient le plus de son chant l'harmonie,
    N'auraient pas fait le moindre pas
    Pour voir si l'auge était remplie.
Ils l'aimaient bien pourtant ; mais ils n'y pensaient pas.
Un jour on le trouva mort de faim dans sa cage.
Ah ! quel malheur ! dit-on ; las ! il chantait si bien !
De quoi donc est-il mort ? Certes, c'est grand dommage.
Le corbeau crie encore, et ne manque de rien.

FABULA IX

CORNIX ET ACANTHIS

Unam olim caveam cornix et acanthis habebant,
   Non ibi viventes conditione pari.
Totam voce domum dulcis mulcebat acanthis,
   Fundens quippe novam semper ab ore melos.
At crocitans cornix, usque importuna petebat
   Et panem, et carnes, omnimodamque dapem.
Ingluvie fœda cornici cuncta dabantur,
   Sic, plaudente domo, rauca silebat avis.
Interea edebat cantus acalanthis amœnos;
   Nil de more petens, ut pudibunda nimis.
Hæc ab heris curata parum tam grata volucris
   Sæpe suo victu, sæpe carebat aqua.
Nam qui laudabant acalanthida voce juvantem,
   Ilis plerumque aberat provida cura in avem.
Non quod erat tam suave canens inamata volucris,
   Intenta at dominis mens aliorsus erat.
Et tamen huic volucri fuerat satis hanc dare curam,
   Ponere in alveolo paucula grana et aquam.
Forte die quadam in cavea defuncta misella
   Est inventa jacens, extenuata fame.
Hoccine crudeli fato periisse canoram!
   Aiunt; quam nobis sors inimica fuit!
En auditur adhuc odiose garrula cornix,
   Et quamvis rauca est, omne quod optat habet.

FABLE X

LE CHEVAL ET LE POULAIN

Un bon père cheval, veuf, et n'ayant qu'un fils,
    L'élevait dans un pâturage
    Où les eaux, les fleurs et l'ombrage,
Présentaient à la fois tous les biens réunis.
Abusant pour jouir, comme on fait à cet âge,
Le poulain tous les jours se gorgeait de sainfoin,
    Se vautrait dans l'herbe fleurie,
Galopait sans objet, se baignait sans envie,
    Ou se reposait sans besoin.
Oisif et gras à lard, le jeune solitaire
S'ennuya, se lassa de ne manquer de rien ;
Le dégoût vint bientôt ; il va trouver son père :
Depuis longtemps, dit-il, je ne me sens pas bien ;
    Cette herbe est malsaine et me tue,
Ce trèfle est sans saveur, cette onde est corrompue,
L'air qu'on respire ici m'attaque les poumons ;
    Bref, je meurs si nous ne partons.
Mon fils, répond le père, il s'agit de ta vie ;
    A l'instant même il faut partir.
Sitôt dit, sitôt fait, ils quittent leur patrie.
Le jeune voyageur bondissait de plaisir ;
Le vieillard, moins joyeux, allait un train plus sage ;
Mais il guidait l'enfant, et le faisait gravir
Sur des monts escarpés, arides, sans herbage,
    Où rien ne pouvait le nourrir.
    Le soir vint, point de pâturage :
    On s'en passa. Le lendemain,

FABULA X

EQUUS ET PULLUS

Olim vixit equus, spectandus amore paterno,
 Unica cui proles natus ephebus erat.
Ubertim his aderant felici in sede duobus
 Herba recens, flores, rivus et umbra simul.
Pullus, ut hic mos est primævo in flore juventæ,
 Hasce fruebatur luxuriosus opes.
Nunc epulando satur bene olentia gramina prati,
 Nunc se sternendo florigeram per humum.
Per campum sonitu nunc quadrupedante ruebat,
 Nunc erat ex vano desidiosus, iners.
Otia sectanti, nitido pinguedine pullo
 Tædia multa brevi vita beata dedit.
Tali igitur pertæsus adit cum voce parentem :
 Jamdudum, alme pater, res mihi non bene habet.
Hæc languescentem stomachum gravat herba nociva ;
 Nil sapit hic gramen, sordida fetet aqua.
Pulmonem tentat tenerum mihi morbidus aer :
 Heu ! pereo, nisi nos proripiamus abhinc.
Tum pater : In magno versaris, nate, periclo ;
 Confestim procul hinc effugiamus, ait.
Haud mora, continuo patria illi pascua linquunt;
 Gestit natus iens, lætitiaque fremit.
At senior, minus exultans, sapientius ibat,
 Ut juveni incauto duxque comesque viæ.
Ducit eum per triste solum collesque malignos,
 Aret ubi tellus, omnis et herba perit.
Noctescit, redeunt et tempus et ardor edendi ;

Comme l'on commençait à souffrir de la faim,
On prit du bout des dents une ronce sauvage.
On ne galopa plus le reste du voyage,
A peine, après deux jours, allait-on même au pas.
  Jugeant alors la leçon faite,
Le père va reprendre une route secrète,
  Que son fils ne connaissait pas,
  Et le ramène à sa prairie,
Au milieu de la nuit. Dès que notre poulain
  Retrouve un peu d'herbe fleurie,
Il se jette dessus : Ah ! l'excellent festin !
La bonne herbe, dit-il ; comme elle est douce et tendre !
  Mon père, il ne faut pas s'attendre
  Que nous puissions rencontrer mieux ;
Fixons-nous pour jamais dans ces aimables lieux.
Quel pays peut valoir cet asile champêtre !
Comme il parlait ainsi, le jour vient à paraître ;
Le poulain reconnaît le pré qu'il a quitté ;
Il demeure confus ; le père, avec bonté,
Lui dit : Mon cher enfant, retiens cette maxime :
Quiconque jouit trop est bientôt dégoûté ;
  Il faut au bonheur du régime.

FABLE XI

L'ÉLÉPHANT BLANC

Dans certains pays de l'Asie
On révère les éléphants,

Verum in conspectu pascua nulla virent,
Crevit dira fames, quando lux postera venit;
　　Morsu non avido carpitur inde rubus.
Jam non elata sonipes cervice petulcus
　　Junior, at segni cernitur ire gradu.
At pater esurie doctum satis esse magistra
　　Pullum arbitratus, jam remeare parat.
Natum igitur docilem consueta ad prata reducit
　　Ipse per ignotam, nocte silente, viam.
Pullus ubi rursum florentia gramina vidit:
　　Pabula, ait, quæ nos deliciosa manent!
Atque epulaturus rapido impete fertur ad illos
　　Consuetos pastus, quos putat esse novos.
Hic restemus, ait: non est, pater alme, profecto
　　Tam lætos ubivis nos reperire locos.
Hic ager herbosus, leni cum murmure rivi,
　　Frigidus hic aer, frons et odorifera.
Quid nos, his spretis, melius sperabimus? Ecce
　　Interea nova lux, sole oriente, redit.
Jamque recognoscit pullus pratense viretum,
　　Quod laudasse pudet, deseruisse quoque.
Tum monuit natum sapiens pater atque benignus:
　　Fili, tu serves hæc mea verba memor.
Immodicos animos subeunt fastidia luxus;
　　Certus lætitiæ est deliciisque modus.

FABULA XI

ELEPHAS ALBUS

Quædam Asiæ gentes barros dignantur honore
Illos præcipue quos tegit alba cutis.

Surtout les blancs.
Un palais est leur écurie ;
On les sert dans des vases d'or ;
Tout homme, à leur aspect, s'incline vers la terre,
Et les peuples se font la guerre
Pour s'enlever ce beau trésor.
Un de ces éléphants, grand penseur, bonne tête,
Voulut savoir un jour d'un de ses conducteurs
Ce qui lui valait tant d'honneurs,
Puisqu'au fond, comme un autre, il n'était qu'une bête.
Ah ! répond le cornac, c'est trop d'humilité,
L'on connaît votre dignité,
Et toute l'Inde sait qu'au sortir de la vie
Les âmes des héros qu'a chéris la patrie
S'en vont habiter quelque temps
Dans les corps des éléphants blancs.
Nos talapoins l'ont dit ; ainsi la chose est sûre.
— Quoi ! vous nous croyez des héros ?
— Sans doute. — Et sans cela nous serions en repos,
Jouissant dans les bois des biens de la nature?
— Oui, Seigneur. — Mon ami, laisse-moi donc partir ;
Car on t'a trompé, je t'assure ;
Et, si tu veux y réfléchir,
Tu verras bientôt l'imposture.
Nous sommes fiers et caressants,
Modérés, quoique tout-puissants ;
On ne nous voit point faire injure
A plus faible que nous ; l'amour, dans notre cœur,
Reçoit des lois de la pudeur.
Malgré les faveurs où nous sommes,
Les hommes n'ont jamais altéré nos vertus :
Quelles preuves faut-il de plus ?
Comment nous croyez-vous des hommes?

Regale hospitium est in quo stabulantur, et ipsis
 Appositæ replent aurea vasa dapes.
Obvius omnis homo summe veneratur eosdem
 Cernuus, ac veluti numina sancta colit.
Imo bella gerunt de barris mutua gentes,
 Albos ut belli præmia pulchra ferant.
Unus, cui fuerat solito sapientia major,
 A duce quæsivit cur sibi tantus honos.
Namque ego, dicebat, quamvis ut numen adorer,
 Sum vere, fateor, bellua mente carens.
Ast illi ductor : Non quanti es, te facis, inquit ;
 Albus es eximium dignus habere decus.
Quos colimus claros illorum spiritus ingens,
 Incola, candentes, corpora vestra movet.
Hæc sacri dixere viri, nos vera docentes.
 — Nos ergo illustres creditis esse viros?
— Credimus... — Ast elephas : Hic absit credulus error ;
 Jam nobis dabitur pacis adesse bona ;
Atque frui pariter naturæ dona benignæ.
 Non ego diffiteor, dux ait, hæc ita sunt.
Tunc barrus : Nimiò nos albos fama celebrat ;
 Ergo mihi per te fas sit abire, precor.
Candentes barros nequaquam animasse virorum
 Mentes illa probant plurima signa satis.
Usurpare juvat nos blandimenta feroces,
 Et ne cui noceat sic inhibere manum.
Debilibus fortes non insultare solemus ;
 Has sequimur leges quas jubet usque pudor.
Affuit a vobis favor in nos, dulce venenum,
 Nostra tamen virtus intemerata stetit.
Certe non ita sit de barris, incola si nos,
 Qui movet heroas, spiritus iste regat.

FABLE XII

LE PHÉNIX

Le Phénix, venant d'Arabie,
Dans nos bois parut un beau jour.
Grand bruit chez les oiseaux ; leur troupe réunie
Vole pour lui faire la cour.
Chacun l'observe, l'examine :
Son plumage, sa voix, son chant mélodieux,
Tout est beauté, grâce divine,
Tout charme l'oreille et les yeux.
Pour la première fois on vit céder l'envie
Au besoin de louer et d'aimer son vainqueur.
Le rossignol disait : Jamais tant de douceur
N'enchanta mon âme ravie.
Jamais, disait le paon, de plus belles couleurs
N'ont eu cet éclat que j'admire.
Il éblouit mes yeux, et toujours les attire.
Les autres répétaient ces éloges flatteurs,
Vantaient le privilége unique
De ce roi des oiseaux, de cet enfant du ciel,
Qui, vieux, sur un bûcher de cèdre aromatique,
Se consume lui-même, et renaît immortel.
Pendant tous ces discours, la seule tourterelle,
Sans rien dire, fit un soupir.
Son époux, la poussant de l'aile,
Lui demande d'où peut venir
Sa rêverie et sa tristesse :
De cet heureux oiseau désires-tu le sort ?
— Moi, mon ami, je le plains fort ;
Il est le seul de son espèce.

FABULA XII

PHŒNIX

Cum Phœnix ad nos Arabum venisset ab oris,
    Nuntia per varias fama volavit aves.
Turba salutantum, studiis certantibus, illum
    Mirabunda stupet, lumine et aure bibens.
Quam radiat pennis! quam mulcet voce canora!
    Sic vice laudantur forma venusta, melos.
Tunc primum invidiâ generosior æmula dignum
    Victori laudum munus habere dedit.
Nulla volucris, ait gratans Philomela benigne,
    Mellifluos adeo fudit ab ore sonos.
At contra Pavo : Non vel pulcherrima pluma
    Tam miris, inquit, splenduit ulla modis.
Ille suæ pandens nitidæ miracula vestis,
    Perstringendo oculos attrahit usque tamen.
Concinere et reliqui, dotes celebrare supremas,
    Queis longe cunctas regia præstat avis :
Quæ senior bustum sibi cedro texit odora,
    Rursus et orta istinc evolat usta prius.
Suspiravit ad hæc, ut mœrens, una columba,
    Quam conjux ala succutit atque rogat :
Quid mœres, inquit; quid sic meditaris? an isti
    Cantus invideas forsitan? Anne decus ?
Hæc vero : Invideam nedum, illius ingemo sortem,
    Qui solus generis dicitur esse sui.

FABLE XIII

LA PIE ET LA COLOMBE

Une colombe avait son nid
Tout auprès du nid d'une pie.
Cela s'appelle avoir mauvaise compagnie.
D'accord : mais de ce point pour l'heure il ne s'agit.
Au logis de la tourterelle
Ce n'était que paix et bonheur ;
Dans l'autre nid toujours querelle,
Œufs cassés, tapage et rumeur.
Lorsque par son époux la pie était battue,
Chez sa voisine elle venait ;
Là jasait, criait, se plaignait,
Et faisait la longue revue
Des défauts de son cher époux :
Il est fier, exigeant, dur, emporté, jaloux ;
De plus, je sais fort bien qu'il va voir des corneilles ;
Et cent autres choses pareilles,
Qu'elle disait dans son courroux.
Mais vous, répond la tourterelle,
Êtes-vous sans défaut? — Non, j'en ai, lui dit-elle :
Je vous le confie entre nous.
En conduite, en propos, je suis assez légère,
Et parfois même un peu colère,
Et me plaisant souvent à le faire enrager.
Mais qu'est-ce que cela?—C'est beaucoup trop, ma chère;
Commencez par vous corriger ;
Votre humeur peut l'aigrir... Qu'appelez-vous, ma mie?
Interrompt aussitôt la pie.

FABULA XIII

PICA ET COLUMBA

Forte columba leves suspenderat arbore cunas;
　Struxerat haud procul hinc garrula pica suas.
Tristis erat vicina bonæ mala pica columbæ;
　At nulla est super his nunc facienda mora.
Turturis in nido, non ullis rupta querelis
　Pax erat, atque sacræ munus amicitiæ.
Non ita apud picam, sed erant convicia semper,
　Et mala quæ patitur litigiosa domus.
Cæsa, nec immerito stomachante a conjuge, pica
　Ad vicinam ibat sorte dolere sua.
Hæc ibi carpebat temere queribunda maritum,
　Crimina criminibus conglomerare sagax.
Zelotypus vir erat, violens, durusque feroxque,
　Et sanctam solitus contemerare fidem.
Tunc picæ dedit hæc bona verba columba dolenti :
　Quæ tantum insimulas, nullane culpa tibi?
Multa quidem mihi, pica refert, est multa, fatebor;
　Sunt male facta mihi dictaque multa super;
Sum plerumque loquax, variabilis, invida, cujus
　Sæpe effrena virum provocat ira meum.
Cuncta sed hæc facilem veniam peccata merentur,
　Atque tibi certe hæc esse videntur ita.
Non ita censeo ego, pia respondere columba;
　Sed gravia illa reor quæ tenuare studes.
Tam mendosa decet prius emenderis, amica ;
　Iras namque viri suscitat ira tua.
Ira mihi... abrupit sermonem pica furenter,

Moi, de l'humeur! Comment! je vous conte mes maux,
Et vous m'injuriez! Je vous trouve plaisante!
    Adieu, petite impertinente;
    Mêlez-vous de vos tourtereaux.
    Nous convenons de nos défauts,
    Mais c'est pour que l'on nous démente.

FABLE XIV

L'ÉDUCATION DU LION

Enfin le roi lion venait d'avoir un fils :
Partout dans ses États on se livrait en proie
Aux transports éclatants d'une bruyante joie :
    Les rois heureux ont tant d'amis!
    Sire Lion, monarque sage,
Songeait à confier son enfant bien-aimé
Aux soins d'un gouverneur vertueux, estimé,
Sous qui le lionceau fît son apprentissage.
    Vous jugez qu'un choix pareil
    Est d'assez grande importance,
    Pour que longtemps on y pense.
Le monarque indécis assemble son conseil :
    En peu de mots il expose
Le point dont il s'agit, et supplie instamment
Chacun des conseillers de nommer franchement
Celui qu'en conscience il croit propre à la chose.
    Le tigre se leva : Sire, dit-il, les rois
    N'ont de grandeur que par la guerre;
Il faut que votre fils soit l'effroi de la terre.
    Faites donc tomber votre choix

Ira mihi nulla est ; sed mea narro mala...
Tu mihi probra jacis mendace injuria lingua ;
    Vah ! stolida ut tute es, vive, columba, vale.
Te pulli vocitant, illos curare memento ;
    Suadentem melius jam reperire libet.
Nos vitia in nobis non inficiamur inesse,
    Dum bonus auditor singula vera neget...

FABULA XIV

LEO EDUCATUS

Post multos annos habuit Leo denique natum ;
    Lætitiæ hinc populi millia signa dare.
Felicem dominum multi gratantur amici,
    Imprimis et cum qui supereminuit.
Jam pater ergo Leo sapiens fuit atque peritus,
    Qualiter imperii convenit esse ducem.
Eximio statuit rectori credere natum,
    Sciret natus ut hinc imperitare suis.
Tanti momenti res est multumque diuque,
    Quam fieri incipiat discutienda prius.
Cœtu habito dubius solio rex infit ab alto :
    Consilium volo det, qui sciat esse bonum.
Nato informando mens est sociare virum, qui
    Impleat, ut nemo, tale ministerium.
Non bonus ergo sat est, verum optimus ut sit oportet,
    Cui tam difficiles cedet obire vices.
Quem quis crediderit reliquis præstare magistrum,
    Illum non dubitet significare statim.
Surgere tum tigris : Rex, inquit, vera profabor :
    Sunt alia ex aliis bella cienda tibi.

Sur le guerrier le plus terrible,
Le plus craint, après vous, des hôtes de ce bois.
Votre fils saura tout, s'il sait être invincible.
L'ours fut de cet avis ; il ajouta pourtant
　　Qu'il fallait un guerrier prudent,
Un animal de poids, de qui l'expérience
Du jeune lionceau sût régler la vaillance,
　　Et mettre à profit ses exploits.
　　Après l'ours, le renard s'explique,
　　Et soutient que la politique
　　Est le premier talent des rois :
Qu'il faut donc un mentor d'une finesse extrême,
Pour instruire le prince et pour le bien former.
　　Ainsi chacun, sans se nommer,
　　Clairement s'indique soi-même :
De semblables conseils sont communs à la cour.
　　Enfin le chien parle à son tour.
Sire, dit-il, je sais qu'il faut faire la guerre ;
Mais je crois qu'un bon roi ne la fait qu'à regret ;
　　L'art de tromper ne me plaît guère.
　　Je connais un plus beau secret
Pour rendre heureux l'État, pour en être le père,
Pour tenir ses sujets, sans trop les alarmer,
　　Dans une dépendance entière ;
　　Ce secret, c'est de les aimer.
Voilà, pour bien régner, la science suprême ;
Et si vous désirez la voir dans votre fils,
　　Sire, montrez-la-lui vous-même.
Tout le conseil resta muet à cet avis.
Le lion court au chien. Ami, je te confie
Le bonheur de l'État et celui de ma vie :
Prends mon fils, sois son maître, et loin de tout flatteur,
　　S'il se peut, va former son cœur.
Il dit, et le chien part avec le jeune prince.

Bello continget natum regnare potentem
  Terrarum, et bello cuncta replere metu.
Bella igitur natum doceat quicumque secundus
  Abs te plus valeat, terreat atque magis.
Quippe tibi natus cognoverit utile quodvis,
  Si tamen invictus belligerare sciat.
Censere ursus item, dum sit prudentia major
  Robore corporeo quod sibi sæpe nocet.
Bellator poterit, sit dummodo providus, inquit,
  Ad justum juvenis vim cohibere modum.
Post ursum vulpes, nimirum subdola, dixit
  Esse nihil regi calliditate prius.
Quærendum ergo statim solertem mentora, qui jam
  Instrueret juvenem dissimulare vafre.
Sic in delectu, sublato nomine, quisque
  Ante omnes semet prodere doctus erat.
Talis inesse solet regalibus ambitus aulis.
  Tunc adiens regem, verba dat ista canis:
Fata jubent equidem; sunt regi bella gerenda;
  Bella sed invitus rex bonus usque gerit.
Non mihi calliditas arridet fraudis amica;
  Ars est hac melior nobiliorque simul.
Rex quicumque pater patriæ contendit haberi,
  More patris populos debet amare pius.
Debet eos justa semper ditione tenere,
  Servitii et nunquam velle gravare jugo.
Hac bene, nam summa est, semper regnabitur arte;
  Sed pauci reges hanc adhibere solent.
Hanc autem in proprio placeat si cernere nato,
  Prosit ut exemplar, fac, pater, ante colas.
Sic canis; atque omnes una assensere monenti;
  Et leo, cuncta probans, eligit ipse canem.
Fortunam patriæ tibi credo, dixit, amice;
  Per te erit, ut spero, vita beata mihi.

D'abord à son pupille il persuade bien
Qu'il n'est point lionceau, qu'il n'est qu'un pauvre chien,
Son parent éloigné. De province en province,
Il le fait voyager, montrant à ses regards
Les abus du pouvoir, des peuples la misère ;
Les lièvres, les lapins mangés par les renards,
Les moutons par les loups, les cerfs par la panthère.
    Partout le faible terrassé,
    Le bœuf travaillant sans salaire,
    Et le singe récompensé.
Le jeune lionceau frémissait de colère.
Mon père, disait-il, de pareils attentats
Sont-ils connus du roi? Comment pourraient-ils l'être?
Disait le chien : les grands approchent seuls du maître,
    Et les mangés ne parlent pas.
Ainsi, sans raisonner de vertu, de prudence,
Notre jeune lion devenait tous les jours
Vertueux et prudent ; car c'est l'expérience
    Qui corrige, et non les discours.
A cette bonne école il acquit, avec l'âge,
    Sagesse, esprit, force, raison.
    Que lui fallait-il davantage?
Il ignorait pourtant encor qu'il fût lion.
Lorsqu'un jour qu'il parlait de sa reconnaissance
    A son maître, à son bienfaiteur,
Un tigre furieux, d'une énorme grandeur,
Paraissant tout à coup, contre le chien s'avance.
    Le lionceau plus prompt s'élance,
Il hérisse ses crins, il rugit de fureur,
Bat ses flancs de sa queue, et ses griffes sanglantes
Ont bientôt dispersé les entrailles fumantes
    De son redoutable ennemi.
A peine il est vainqueur, qu'il court à son ami...
Oh! quel bonheur pour moi d'avoir sauvé ta vie!

Hancce rudem nati sapiens moderare juventam,
 Omnibus et vitiis blanditiisque procul.
Hæc pater; itque canis, comitante leone juvenco,
 Qui putat esse canem, testificante cane.
Pupillo ille suo genus a cane suaserat esse,
 Præcepta ut posthac utiliora forent.
Prudens discipulo rector præmonstrat eundo,
 Quam miseros populos regna superba premant!
Sub pede magnatum plebes calcatur iniquo,
 Dura et in imbelles sævit ubique manus.
Hic cerva a pardis, lepus hic a vulpe voratur,
 Atque imbelle rapax vastat ovile lupus.
Quam bos emeruit mercedem durus arator,
 Simius indigne gesticulator habet.
Quæ videt ardescens violente leunculus ira,
 Et scelera an regi sint ea nota petit.
Cognita adhuc nec sunt, nec possunt esse, reponit
 Huic canis, ad regem non via cuique patet.
Solis principibus regem contingit adire ;
 Jamque vorata queri gens miseranda nequit.
Ergo rudis plane pulchrumve bonumve quid esset,
 Noster erat juvenis doctus amare bonum.
Plus etenim et melius facit experientia cuique,
 Quam prodesse unquam verba diserta valent.
Hoc melior factus necnon sapientior usu
 Sic erat, ut natum principis esse decet.
Ergo ratus nondum se ortum de gente leonum,
 Laudabat meritum præmia magna canem.
Namque canis fuerat præceptor corde paterno,
 Discipulum ducens ad meliora suum.
Ecce canem interea rapido petit impete tigris,
 Occupat hanc saltu vividiore leo :
Excutiensque comas, et crebro verbere caudæ
 Se simul exstimulans, infremit ore minax.

Mais quel est mon étonnement !
Sais-tu que l'amitié, dans cet heureux moment,
M'a donné d'un lion la force et la furie !
— Vous l'êtes, mon cher fils ; oui, vous êtes mon roi,
    Dit le chien tout baigné de larmes.
Le voilà donc venu, ce moment plein de charmes,
Où, vous rendant enfin tout ce que je vous doi,
Je veux vous dévoiler un important mystère.
Retournons à la cour, mes travaux sont finis.
Cher prince, malgré moi, cependant je gémis,
Je pleure, pardonnez ; tout l'État trouve un père,
    Et moi je vais perdre mon fils.

FABLE XV

LE GRILLON

    Un pauvre petit grillon,
    Caché dans l'herbe fleurie,
    Regardait un papillon
    Voltigeant dans la prairie.
L'insecte ailé brillait des plus vives couleurs ;
L'azur, la pourpre et l'or éclataient sur ses ailes ;
Jeune, beau, petit-maître, il court de fleurs en fleurs,
    Prenant et quittant les plus belles.
Ah ! disait le grillon, que son sort et le mien
    Sont différents ! Dame nature
    Pour lui fit tout, et pour moi rien,

Dentibus hic subito et duris secat unguibus hostem,
 Viscera cujus humi sanguinolenta jacent.
Protinus exultans victor complexus amicum,
 Per me, lætus ait, nunc tibi vita manet.
Sed nunc quale novum stupeo ac mirabile dictu!
 Certe hoc prodigium fecit amicitia :
Sentio, pugnavi furiati more leonis.
 Sed, fili, vere es tu leo rexque meus.
Hæc canis; et lacrymas per amantia lumina fundit :
 Festam, inquit, dabitur concelebrare diem.
En hodie quæ sunt tibi debita solvere possum ;
 Res arcana tibi est nunc facienda palam.
Nunc te reddo patri, quum jam sim munere functus
 Ipse meo, et lætans ingemo corde tamen :
Nam patria invenit nunc fortunata parentem ;
 Tollitur at natus qui meus ante fuit.

FABULA XV

GRYLLUS

Olim dum viridi gryllus latitaret in herba,
 Papilio ambibat florida rura vagus.
Ut solet, ornabat volucrem discrimine miro
 Flavus, purpureus, cæruleusque color.
Pulchellus, volitans agilis, radiantibus alis,
 Conspicuum ad florem nare videtur amans.
Oscula jam flori delibat, jamque salutem
 Dat, velut alternans nunc vale, nunc et ave.
Dicere tum gryllus : Quantum distamus inique
 Papilio hic felix atque misellus ego...
Dotibus hunc regina bonis natura beavit,

Je n'ai point de talent, encor moins de figure,
Nul ne prend garde à moi, l'on m'ignore ici-bas :
  Autant vaudrait n'exister pas.
  Comme il parlait, dans la prairie
  Arrive une troupe d'enfants :
  Aussitôt les voilà courants
Après ce papillon, dont ils ont tous envie.
Chapeaux, mouchoirs, bonnets, servent à l'attraper ;
L'insecte vainement cherche à leur échapper,
  Il devient bientôt leur conquête:
L'un le saisit par l'aile, un autre par le corps ;
Un troisième survient, et le prend par la tête.
  Il ne fallait pas tant d'efforts
  Pour déchirer la pauvre bête.
Oh ! oh ! dit le grillon, je ne suis plus fâché ;
Il en coûte trop cher pour briller dans le monde.
Combien je vais aimer ma retraite profonde !
  Pour vivre heureux, vivons caché.

FABLE XVI

LE DANSEUR DE CORDE ET LE BALANCIER

Sur la corde tendue un jeune voltigeur
Apprenait à danser; et déjà son adresse,
  Ses tours de force, de souplesse,
  Faisaient venir maint spectateur.
Sur son droit chemin on le voit qui s'avance,
Le balancier en main, l'air libre, le corps droit,

At gratum illa mihi fecit avara nihil.
Nulla decora mihi dos est, non ulla figura.
　Despicior, temnor semisepultus humo.
Visi aut invisi demum vilissima vita est,
　Certe non secus ac si mihi nulla foret.
Gryllus ita; ecce autem puerorum turba petulca
　Herbosum campum, grandinis instar, adit.
Bestiolam subito venari quisque volucrem,
　Quam celeri cursu certat habere suam.
Prædatura volant jam lintea, pilea passim;
　Aliger hic petitur corripiturque fugax.
Hunc puerorum unus penna, alter corpore prensat,
　Dum caput interea carpit adunca manus.
Papilio ille tener, dura ceu forcipe pressus,
　Debuit haud dubie morte perire truci.
Gryllus ad hæc sapiens: Jam non me pœnitet, inquit,
　Quod decor aligeri non fuit ille meus.
Heu nimio constat tanto splendere decore;
　Hocce malo novit papilio ille suo.
Sedem nunc humilem quanto complector amore!
　Jam felix vivam, si remanebo latens.

FABULA XVI

FUNAMBULUS ET LIBRAMENTUM

Sæpe videbatur protento ludere fune
　Saltator quidam tiro, sed artis amans.
Claruit arte sua valde; et studiosa tuendi
　Artis prodigium turba coire frequens.
Angustum per iter se pali pondere librans,
　Recte progreditur certus et absque metu.

Hardi, léger autant qu'adroit;
Il s'élève, descend, va, vient, plus haut s'élance,
Retombe, remonte en cadence;
Et, semblable à certains oiseaux,
Qui rasent, en volant, la surface des eaux,
Son pied touche, sans qu'on le voie,
A la corde qui plie, et dans l'air le renvoie.
Notre jeune danseur, tout fier de son talent,
Dit un jour : A quoi bon ce balancier pesant,
Qui me fatigue et m'embarrasse :
Si je dansais sans lui, j'aurais bien plus de grâce,
De force et de légèreté.
Aussitôt fait que dit. Le balancier jeté,
Notre étourdi chancelle, étend les bras, et tombe.
Il se cassa le nez, et tout le monde en rit.
Jeunes gens, jeunes gens, ne vous a-t-on pas dit
Que sans règle et sans frein tôt ou tard on succombe?
La vertu, la raison, les lois, l'autorité,
Dans vos désirs fougueux vous causent quelque peine :
C'est le balancier qui vous gêne,
Mais qui fait votre sûreté.

FABLE XVII

LA JEUNE POULE ET LE VIEUX RENARD

Une poulette, jeune, et sans expérience,
En trottant, cloquetant, grattant,
Se trouva, je ne sais comment,

Dein alacer, pernix, et nullius immemor artis,
    Saltantum varios integrat ipse modos.
Jamque ergo cedit cum fune, iterumque resultat
    In numerum, inque vices tollitur atque cadit.
Jam similem dicas avium de more volantum,
    Quæ raptim libant flumina summa leves.
Vix etenim visus tangit, summo et pede motat
    Extentum funem subsilit unde celer.
Ipse artem posthæc fastu dum jactat inani,
    Incusat palum ponderis esse gravis.
Hoc, ait, impedior; jam pondus sit procul istud;
    Pulchrius ac levius membra movebo dehinc.
Continuo imprudens libramentum abjicit, atque
    Brachia diffundit bina, labantque pedes.
Mox cadit, atque cadens inhonesto vulnere tundit
    Narem, nec parcit plaudere turba procax.
O juvenes, juvenes, semper meminisse juvabit,
    Quæ vos prudentes admonuere sophi.
Frena ubi deficiunt, cohibet neque regula constans,
    Tum vitia erumpunt, subsequiturque dolor.
Leges et virtus, et cum ratione potestas,
    Id fateor, vobis cor juvenile gravant.
Verum si sunt hæc incommoda singula vobis,
    Hæc eadem certæ causa salutis erunt.

ABULA XVII

GALLINA ET VULPES

Quædam olim gallina rudis, tiruncula nempe,
    Huc illuc ibat stridula, et ungue scabens;
Cursu errabundo dum nescia deviat, ecce

Fort loin du poulailler, berceau de son enfance.
Elle s'en aperçut qu'il était déjà tard.
Comme elle y retournait, voici qu'un vieux renard
    A ses yeux troublés se présente.
    La pauvre poulette tremblante
    Recommande son âme à Dieu.
    Mais le renard, s'approchant d'elle,
    Lui dit : Hélas ! mademoiselle,
    Votre frayeur m'étonne peu ;
    C'est la faute de mes confrères ;
Gens de sac et de corde, infâmes ravisseurs,
    Dont les appétits sanguinaires
    Ont rempli la terre d'horreur.
Je ne puis les changer ; mais du moins je travaille
    A préserver, par mes conseils,
    L'innocente et faible volaille
    Des attentats de mes pareils.
Je ne me trouve heureux qu'en me rendant utile ;
Et j'allais de ce pas jusque dans votre asile
Pour avertir vos sœurs qu'il court un mauvais bruit ;
C'est qu'un certain renard, méchant autant qu'habile,
    Doit vous attaquer cette nuit.
Je viens veiller pour vous. La crédule innocente
    Vers le poulailler le conduit.
    A peine est-il dans ce réduit,
Qu'il tue, étrangle, égorge, et sa griffe sanglante
Entasse les mourants sur la terre étendus,
Comme fit Diomède au quartier de Rhésus.
    Il croqua tout, grandes, petites,
Coqs, poulets et chapons ; tout périt sous ses dents.
    La pire espèce des méchants
    Est celle des vieux hypocrites.

Retrorsum linquit tecta paterna procul.
Errorem sentit sub vespere ; jamque revertit
    Actutum, ne sit perniciosa mora.
Obvia fit reduci vetula atque retorrida vulpes ;
    Gallinæ hic subitus concutit ossa tremor.
Ast vulpes propius veniens astuta trementi :
    Me merito, dixit, fis tremebunda videns.
Si terrere tamen, culpa in me non fuit ulla ;
    At mea quævis est insimulanda soror.
Nostrum namque genus fecere infame, fatebor
    Fraus, dolus atque simul mille latrocinia.
Naturam hanc gentis pravam emendare laboro ;
    At fuit iste labos irritus omnis adhuc.
Consilior saltem ; sic vestram a morte cruenta
    Innocuam gentem me prohibere juvat.
Ni faciam, nostras agit ardor tantus edendi,
    Ut certa atque instans vestra ruina foret.
Prodesse infirmis hæc est mihi maxima cura ;
    Idcirco properans limina vestra peto.
Namque, ut fama volat, vafra necnon improba vulpes
    Mox vestrum invadet, nocte favente, genus.
Si me vis igitur vestris inducere tectis,
    Ipsa tuebor vos in statione vigil.
Credula tunc nimium dictis gallina dolosis,
    Ingreditur plenos, hoste sequente, lares.
Hostis continuo miseros cum prole parentes
    Somno indulgentes dente necare truci.
Sævit inexpletum jugulans, dat stragis acervos
    Horrendæ passim ; cuncta cruore natant.
Cum castra intravit Tydides prodita somno,
    Non Rhæsi plures messuit ense viros.
Illum præcipue scelerata e gente caveto,
    Quisquis mente mala creditur ore bonus.

FABLE XVIII

LES DEUX PERSANS

Cette pauvre raison, dont l'homme est si jaloux,
N'est qu'un pâle flambeau qui jette autour de nous
    Une triste et faible lumière :
Par-delà c'est la nuit. Le mortel téméraire
Qui veut y pénétrer marche sans savoir où.
Mais ne point profiter de ce bienfait suprême,
Éteindre son esprit, et s'aveugler soi-même,
    C'est un autre excès non moins fou.
    En Perse il fut jadis deux frères,
Adorant le soleil, suivant l'antique loi.
    L'un d'eux, chancelant dans sa foi,
    N'estimant rien que ses chimères,
Prétendait méditer, connaître, approfondir
    De son dieu la sublime essence ;
Et, du matin au soir, afin d'y parvenir,
L'œil toujours attaché sur l'astre qu'il encense,
Il voulait expliquer le secret de ses feux.
Le pauvre philosophe y perdit les deux yeux ;
Et dès lors du soleil il nia l'existence.
    L'autre était crédule et bigot ;
    Effrayé du sort de son frère,
Il y vit de l'esprit l'abus trop ordinaire,
Et mit tous ses efforts à devenir un sot.
On vient à bout de tout. Le pauvre solitaire
    Avait peu de chemin à faire,
    Il fut content de lui bientôt.
Donc, de peur d'offenser l'astre qui nous éclaire,

FABULA XVIII

DUO PERSÆ

Hæc ratio, quam nos tantum jactamus inanes,
  Ut facula exiguo debilis igne micat.
Nox est palliduli modicum ultra luminis orbem,
  Per quod mens potis est cernere nostra viam.
Certos qui graditur fines temerarius ultra,
  Cæcutit, nec habet, quo duce, lumen, eat.
Sed qui tanto uti rationis munere nescit,
  Mentis et idem oculos obtegit ipse sibi,
Tam male agit, fines intra si restet hiando,
  Quam si ultra demens tendere fisus erit.
Astrologos inter duo erant in Perside quondam,
  Sanguine germani, mente sed absimiles.
Ambo illi solem patrio de more colebant;
  Unius at cœpit prisca labare fides.
Iste laborabat naturam agnoscere solis,
  Deliræ mentis somnia vana sequens;
Fixo etiam visu quærens in sideris igne,
  Cur tam luce potens tamque colore foret.
Denique spectator solem lucere negavit,
  Cum suffusa acies, sole micante, fuit.
Hac sorte obstupuit fraterna credulus alter,
  Quem quoque fallebat vana superstitio.
En quo mentis, ait, semper deducit abusus;
  Mentis ut absque usu ferier ergo placet.
Hinc ut desiperet summo est conamine noster
  Nisus, nitenti cedere cuncta solent.
Insaniret uti plane, jam proximus ille

En portant jusqu'à lui des regards indiscrets,
　　Il se fit un trou sous la terre,
Et condamna ses yeux à ne le voir jamais.
Humains, pauvres humains, jouissez des bienfaits
D'un Dieu que vainement la raison veut comprendre,
Mais que l'on voit partout, mais qui parle à nos cœurs.
Sans vouloir deviner ce qu'on ne peut apprendre,
Sans rejeter les dons que sa main sait répandre,
Employons notre esprit à devenir meilleurs.
Nos vertus au Très-Haut sont le plus digne hommage,
　　Et l'homme juste est le seul sage.

FABLE XIX

MYSON

Myson fut connu dans la Grèce
　　Par son amour pour la sagesse :
Pauvre, libre, content, sans soins, sans embarras,
Il vivait dans les bois, seul, méditant sans cesse,
　　Et parfois riant aux éclats.
　　Un jour deux Grecs vinrent lui dire :
De ta gaieté, Myson, nous sommes tous surpris ;
　　Tu vis seul, comment peux-tu rire ?
— Vraiment, répondit-il, voilà pourquoi je ris.

Insano, haud longam debuit ire viam.
Qui nempe in nitidum solem peccare putabat,
　Si tantum sidus conspicere ausus erat,
Ne visu fieret violator sideris unquam,
　Sub terra statuit vivere luce carens.
O homines, mortale genus, servate fruendo
　Munera, quæ vobis dat pretiosa Deus.
Qualis sit, quantusque Deus cognoscere non est ;
　At summe esse bonum cuncta creata docent.
Hujus inaccessi scrutari arcana vetamur,
　Donaque largificæ splendida nolle manus.
Huc vero enixe debemus tendere cuncti,
　Ut semper virtus crescere nostra queat.
Nostra Deo eximium virtus persolvit honorem ;
　Plus sapere arguitur quo melius quis agit.

FABULA XIX

MYSO

Myso ferebatur quondam clarissimus unus
　Helladis inter eos, qui nituere sophi.
Nudus opum ille quidem, sed cura liber ab omni,
　Solorum nemorum tecta colebat amans.
De multis secum meditando degere suetus,
　In risus nimios sæpe solutus erat.
Forte duo juvenes congressi : Possumus, aiunt,
　Scire et lætitiæ, risus et unde tibi?
Qui potes hic tanto solus gaudere cachinno?
　— Qui possim, juvenes? Nempe quod unus ago.

LIVRE TROISIÈME

FABLE I

LES SINGES ET LE LÉOPARD

Des singes dans un bois jouaient à la main chaude.
 Certaine guenon moricaude,
Assise gravement, tenait sur ses genoux
La tête de celui qui, courbant son échine,
 Sur sa main recevait les coups.
 On frappait fort ; et puis devine !
Il ne devinait point ; c'étaient alors des ris,
 Des sauts, des gambades, des cris.
Attiré par le bruit, du fond de sa tanière,
Un jeune léopard, prince assez débonnaire,
Se présente au milieu de nos singes joyeux.
Tout tremble à son aspect. — Continuez vos jeux,
Leur dit le léopard, je n'en veux à personne.
 Rassurez-vous, j'ai l'âme bonne,
Et je viens même ici, comme particulier,
 A vos plaisirs m'associer :
 Jouons, je suis de la partie.
 — Ah ! monseigneur, quelle bonté !
Quoi ! Votre Altesse veut, quittant sa dignité,
Descendre jusqu'à nous ! — Oui, c'est ma fantaisie,

LIBER TERTIUS

FABULA I

PARDUS ET SIMII

Plurimus in silva ludebat simius isto
  Ludo, qui calidæ dicitur esse manus.
Alterius genibus faciem dans, cernuus unus
  Præbebat palma sub feriente volam.
Jam vola sub plaga crepitabat fervida; jamque
  « Da plagæ auctorem, si dare, tunse, potes. »
Tunsus at indicium tentans errare solebat;
  Saltus hinc celeres, lætitiæ atque joci.
Festivo excitus strepitu de more jocantum,
  Ex antro pardus turbinis instar adest.
Tota corona statim pavitare; sed ille benigne:
  Fidite, ait; nulli sum nociturus ego.
Ludite securi; ludentum diligo cœtus;
  Quin et vobiscum ludere et ipse volo.
Ludere nobiscum sic tu vis, optime princeps,
  Illi aiunt! Quantum nos juvat iste favor!
Verum tanto humiles non nos dignamur honore...
  Ludere vobiscum stat mihi, pardus ait.
Etsi sum princeps, vere sophus usque putavi
  Sortitos animam quoslibet esse pares.

Mon Altesse eut toujours de la philosophie,
Et sait que tous les animaux
Sont égaux.
Jouons donc, mes amis, jouons, je vous en prie.
Les singes enchantés crurent à ce discours,
Comme l'on y croira toujours.
Toute la troupe joviale
Se remet à jouer ; l'un d'entre eux tend la main ;
Le léopard frappe, et soudain
On voit couler du sang sous la griffe royale.
Le singe, cette fois, devina qui frappait ;
Mais il s'en alla, sans le dire.
Ses compagnons faisaient semblant de rire,
Et le léopard seul riait.
Bientôt chacun s'excuse, et s'échappe à la hâte,
En se disant entre les dents :
Ne jouons point avec les grands ;
Le plus doux a toujours des griffes à la patte.

FABLE II

L'INONDATION

Des laboureurs vivaient paisibles et contents,
Dans un riche et nombreux village ;
Dès l'aurore, ils allaient travailler à leurs champs ;
Le soir, ils revenaient chantants
Au sein d'un tranquille ménage ;
Et la nature, bonne et sage,
Pour prix de leurs travaux leur donnait tous les ans
De beaux blés et de beaux enfants.
Mais il faut bien souffrir ; c'est notre destinée.

Ergo pares paribus nunc colludamus, amici.
  Factum est, ut fieri, rege volente, solet.
Jam festiva cohors lusus iterare jocosos...
  Unus, sorte datus, præbet, ut ante, volam.
Primus percussit pardus, duroque sub ungue
  Fissa vola intumuit, prosiluitque cruor.
Hac vice non cæsum latuit percussor; at illum
  Indicio cæsus prodere jure timet.
Hic igitur, pardo risus edente, recedit
  Tristis, cujus erat sanguinolenta manus.
Ridenti domino multi arrisere dolentes;
  Tutius ast humiles sic simulare fuit.
Unusquisque brevi causatus, nonnihil, inde
  Clam se subducens, præcipitanter abit.
Semper obest, mussant, magnis colludere; namque
  Ilis semper digitus noxius ungue riget.

FABULA II

INUNDATIO

Pagus erat quondam domuum prædives et agri;
  Paganos etiam dives alebat ager.
Ipsi mane ad opus pergebant, inde petentes,
  Læto cum cantu, sole cadente, domum.
Iisdem operis pretium natura benigna quotannis
  Frugesque eximias progeniemque dabat.
Sed non perpetuo mortalibus omnia rident;
  Sæpius invitos nos mala dura premunt.
Sic, anno quodam, fureret cum Sirius ardor,

Or, il arriva qu'une année,
Dans le mois où le blond Phébus
S'en va faire visite au brûlant Sirius,
La terre, de sucs épuisée,
Ouvrant de toutes parts son sein,
Haletait sous un ciel d'airain :
Point de pluie et point de rosée.
Sur un sol crevassé l'on voit noircir le grain :
Les épis sont brûlés, et leurs têtes penchées.
Tombent sur leurs tiges séchées.
On trembla de mourir de faim.
La commune s'assemble. En hâte on délibère ;
Et chacun, comme à l'ordinaire,
Parle beaucoup, et rien ne dit.
Enfin quelques vieillards, gens de sens et d'esprit,
Proposèrent un parti sage.
Mes amis, dirent-ils, d'ici vous pouvez voir
Ce mont, peu distant du village ;
Là se trouve un grand lac, immense réservoir
Des souterraines eaux qui s'y font un passage.
Allez saigner ce lac ; mais sachez ménager
Un petit nombre de saignées,
Afin qu'à votre gré vous puissiez diriger
Ces bienfaisantes eaux dans vos terres baignées.
Juste, quand il faudra, nous les arrêterons.
Prenez bien garde, au moins. — Oui, oui, courons,
S'écrie aussitôt l'assemblée.
Et voilà mille jeunes gens
Armés d'hoyaux, de pics et d'autres instruments,
Qui volent vers le lac. La terre est travaillée
Tout autour de ses bords ; on perce en cent endroits
          A la fois.
D'un morceau de terrain chaque ouvrier se charge.
Courage ! allons, point de repos !

Ustaque damnosâ finderet arva siti;
Oras et superas æstu incendente maligno,
    Frugiferum et nullo rore fovente solum;
Omne in agris nigricans far elanguebat hiulcis,
    Solibus et rapidis omne peribat olus.
Inde timere homines ne mox alimenta deessent,
    Ipsique occiderent, conficiente fame.
Concilium est habitum ; sunt multi multa locuti,
    Sed profecerunt plurima verba nihil.
Denique prudentes quos vitæ fecerat usus,
    Utile consilium proposuere senes.
O pueri, referunt, hanc molem nempe videtis,
    Quæ montis propius stat scopulosa jugo.
Hic patet immensus stagnantum campus aquarum,
    Quæ sunt huc solitæ millibus ire viis.
Illius stagni scite interrumpite claustra,
    Ut rivi dociles inde meare queant.
Tum siccos riguis recreare canalibus agros,
    Et magna dabitur fertilitate frui.
Ast iterum, scite fiat sectura, monemus ;
    Sin triste exitium, vaticinamur, erit.
Scite, cœtus ait, promittimus, omnia fient :
    Ergo ad propositum deproperemus opus.
Turba statim juvenum palas rapere atque ligones,
    Monstrati ut valeant claustra aperire lacus.
Multa secus ripam certatim terra movetur ;
    Multus et aptus aquas ducere sulcus hiat.
Nec mora, nec requies sulcantibus usque, velut si
    Nulla unquam posset fossa patere nimis.
Mox e multifida vasto sub pondere ripa
    Immissæ passim præcipitantur aquæ.
Lætari exultim geminatis plausibus omnes
    Quod tandem undarum copia tanta fluat.
At si læta dies præsens fuit, altera tristis

L'ouverture jamais ne peut être assez large.
Cela fut bientôt fait. Avant la nuit, les eaux,
Tombant de tout leur poids sur leur digue affaiblie,
  De partout roulent à grands flots.
Transports et compliments de la troupe ébahie,
  Qui s'admire dans ses travaux.
Le lendemain matin, ce ne fut pas de même :
On voit flotter les blés sur un océan d'eau ;
Pour sortir du village il faut prendre un bateau ;
Tout est perdu, noyé. La douleur est extrême ;
On s'en prend aux vieillards.—C'est vous, leur disait-on,
  Qui nous coûtez notre moisson ;
Votre maudit conseil.... — Il était salutaire,
Répondit un d'entre eux ; mais ce qu'on vient de faire
Est fort loin du conseil comme de la raison.
Nous voulions un peu d'eau, vous nous lâchez la bonde :
L'excès d'un très-grand bien devient un mal très-grand :
  La sage arrose doucement,
  L'insensé tout de suite inonde.

FABLE III

LES DEUX BACHELIERS

Deux jeunes bacheliers, logés chez un docteur,
  Y travaillaient avec ardeur
A se mettre en état de prendre leurs licences.
Là, du matin au soir, en public, disputant,
  Prouvant, divisant, ergotant
  Sur la nature et ses substances,
L'infini, le fini, l'âme, la volonté,
Les sens, le libre arbitre et la nécessité ;

Exoritur miseris, cum sata mersa vident.
Namque ubi messis erat, nunc est mare, pagus et omnis
  Non nisi per lintres pervius esse potest.
Illo in diluvio cruciantur corda, statimque
  Crimen in indignos vertitur omne senes.
En vestro, senibus succlamant undique voces,
  Consilio segetes disperiere malo.
Respondere senes : Nos non male suasimus; at vos
  Egistis leviter, nec ratione duce.
Vos decuit riguos terris inducere rivos ;
  Ecce autem effusus rus tenet omne lacus.
Usus sit rerum, sed nunquam fiat abusus ;
  Reddit abusus enim pessima quæ bona sunt.
Sufficit humorem sapiens sitientibus agris ;
  Ast insanus aquis obruta cuncta facit.

FABULA III

DUO SCHOLASTICI

Discipuli duo erant, studio constante petentes
  Quos titulos doctis laurea bacca meret.
Mos erat hic ipsis ad noctem solis ab ortu
  Argumenta sibi continuare nova.
Definire simul, distinguere, veraque rerum
  Quæ natura esset dicere, quisve modus ;   [voluntas;
Quid genus et species, quid mens quoque, quidve
  Quid pariter sensus, arbitrium quid item.

Ils en étaient bientôt à ne plus se comprendre :
Même par là souvent l'on dit qu'ils commençaient ;
  Mais c'est alors qu'ils se poussaient
Les plus beaux arguments. Qui venait les entendre
  Bouche béante demeurait,
Et leur professeur même en extase admirait.
Une nuit qu'ils dormaient dans le grenier du maître
Sur un grabat commun, voilà mes jeunes gens,
  Qui, dans un rêve, pensent être
  A se disputer sur les bancs.
Je démontre, dit l'un. Je distingue, dit l'autre.
Or, voici mon dilemme. Ergo, voici le nôtre...
A ces mots, nos rêveurs, criants, gesticulants,
Au lieu de s'en tenir aux simples arguments
D'Aristote ou de Scot, soutiennent leur dilemme
  De coups de poing bien assénés
    Sur le nez.
Tous deux sautent du lit dans une rage extrême,
  Se saisissent par les cheveux,
Tombent, et font tomber pêle-mêle avec eux
Tous les meubles qu'ils ont, deux chaises, une table,
Et quatre in-folios écrits sur parchemin.
Le professeur arrive, une chandelle en main,
  A ce tintamarre effroyable.
Le diable est donc ici ! dit-il tout hors de soi.
Comment ! sans y voir clair, et sans savoir pourquoi,
Vous vous battez ainsi ! Quelle mouche vous pique !
Nous ne nous battons point, disent-ils ; jugez mieux ;
  C'est que nous repassons tous deux
  Nos leçons de métaphysique.

Hæc ita, ut alterius sensum dignoscere posset
  Neuter, et id proprium semper utrique fuit.
Fortius ast ideo solita argumenta rotabant,
  Singula verbosis ædificata strophis.
Hoc tam nobile par auditor et ipse magister,
  Conjunctus multis, suspiciebat hians.
Quadam nocte, ipsis premeret dum lumina somnus
  Et fessa inciperet membra levare quies;
En forte in somnis simul arbitratur uterque
  Se pensum logicum texere, ut ante, palam.
Demonstro, unus ait; Distinguo, subjicit alter.
  Tu logicen vexas... Ecce dilemma meum.
Protinus inter eos contentio fervida surgit,
  Unus ut affirmat quod negat alter idem.
Mox salvere jubent logica argumenta, fluitque
  Sub pugno narem percutiente cruor.
Certantem e stratis rabies proturbat utrumque,
  Seque manu, passim crine volante, dolant.
Dum luctant pugiles, permixtim cuncta supellex
  Sternitur, atque jacent mensa, scabella, libri.
Jamque magister adest, quem moverat iste tumultus;
  Stans et anhelus ibi, cum præeunte face;
Heus! quis ita exagitat vos dæmon turbidus, inquit?
  Quæ vos vespa acri punxit aculeolo?
Cur nullam ob causam, cur et sine lumine, noctu,
  Vos tanta insuetos prælia inire juvat?
Non pugnas, aiunt, sed tantum iterare studemus
  Materies illas, quas, pater, ipse doces.

FABLE IV

LE RHINOCÉROS ET LE DROMADAIRE

Un rhinocéros, jeune et fort,
Disait un jour au dromadaire :
Expliquez-moi, s'il vous plait, mon cher frère,
D'où peut venir pour nous l'injustice du sort.
L'homme, cet animal puissant par son adresse,
Vous recherche avec soin, vous loge, vous chérit,
    De son pain même vous nourrit,
    Et croit augmenter sa richesse
    En multipliant votre espèce.
    Je sais bien que sur votre dos
Vous portez ses enfants, sa femme, ses fardeaux,
Que vous êtes léger, doux, sobre, infatigable ;
J'en conviens franchement ; mais le rhinocéros
    Des mêmes vertus est capable.
Je crois même, soit dit sans vous mettre en courroux,
    Que tout l'avantage est pour nous.
    Notre corne et notre cuirasse
    Dans les combats pourraient servir ;
    Et cependant l'homme nous chasse,
Nous méprise, nous hait, et nous force à le fuir.
    Ami, répond le dromadaire,
De notre sort ne soyez point jaloux ;
C'est peu de servir l'homme, il faut encor lui plaire.
Vous êtes étonné qu'il nous préfère à vous ;
Mais de cette faveur voici tout le mystère :
    Nous savons plier les genoux.

FABULA IV

RHINOCEROS ET DROMAS

Rhinoceros olim, primævo flore juventæ,
    Æquali dromadi talia voce dedit :
Scire velim, et dices, si noris, frater amice,
    Cur nos tam graviter sors inimica premat?
Namque homo, consiliis dominator factus et astu,
    Vobis hospitium sufficit atque cibos.
Vestri curator, sibi ditior inde videtur,
    Si possit vestrum multiplicare genus.
Vos onera atque ipsos homines vectare soletis ;
    Nec tale officium præmia nulla movet.
Quin placidi, celeres, dociles et vivere parvo,
    Longum indefessi ferre potestis iter.
Hæc esse aut fieri si vobis propria laus est,
    Cujusque hæc etiam rhinocerotis erit.
Imo, boni dromades, ne succensere velitis,
    Nos sumus in multis vos superare potes.
Nos multum et cornu, multum et thorace valemus ;
    Sic et opem bellis suppeditando sumus.
Nos venatur homo nihilominus hostis iniquus ;
    Odit præterea, despicit atque fugat.
Respondere dromas ; Non, quamvis fausta videtur,
    Non, frater, nostra est sors cupienda tibi.
Subsidio haud satis est homines, opibusque juvare ;
    Delectare ipsos cura sit illa prior.
Cur homini placeat nosmet præponere vobis
    Res patet, ut scimus flectere utrumque genu.

FABLE V

LE ROSSIGNOL ET LE PAON

L'aimable et tendre Philomèle,
Voyant commencer les beaux jours,
Racontait à l'écho fidèle
Et ses malheurs et ses amours.
Le plus beau paon du voisinage :
Maître et sultan de ce canton,
Élevant la tête et le ton,
Vint interrompre son ramage.
C'est bien à toi, chantre ennuyeux,
Avec un si triste plumage,
Et ce long bec, et ces gros yeux,
De vouloir charmer le bocage !
A la beauté seule il va bien
D'oser célébrer la tendresse.
De quel droit chantes-tu sans cesse ?
Moi, qui suis beau, je ne dis rien.
Pardon, répondit Philomèle ;
Il est vrai, je ne suis pas belle ;
Et, si je chante dans ce bois,
Je n'ai de titre que ma voix.
Mais vous, dont la noble arrogance
M'ordonne de parler plus bas,
Vous vous taisez par impuissance,
Et n'avez que vos seuls appas.
Ils doivent éblouir sans doute.
Est-ce assez pour se faire aimer ?
Allez, puisqu'amour n'y voit goutte,
C'est l'oreille qu'il faut charmer.

FABULA V

LUSCINIA ET PAVO

Vere novo modulos iterans Philomela docebat
    Fletu et lætitiis omne sonare nemus.
En princeps, collum attollens vocemque superbe,
    Inter Pavo venit rumpere dulce melos.
Tene adeo pennis, et rostro, et lumine turpem,
    Istis velle modis hos resonare locos !
Cui forma insigni præcellere contigit omnes,
    Blandos ille potest edere jure sonos.
Tu vero, quare canis irrequieta moleste?
    Pulcher ego ; atque tamen gutture promo nihil.
Cui Philomela humilis : Non est mihi forma venusta,
    Non nego, ait : sed enim vox mihi grata satis.
Tu qui gemmeus es, sed adhuc fastosior idem,
    Cantus nempe rudis, me reticere jubes :
At siquidem, ut notum est, omnis cæcutit amando,
    Omnis et auribus est præcipiendus item.

FABLE VI

LE LIÈVRE, SES AMIS ET LES DEUX CHEVREUILS

Un lièvre de bon caractère
Voulait avoir beaucoup d'amis.
Beaucoup! me direz-vous, c'est une grande affaire ;
Un seul est rare en ce pays.
J'en conviens ; mais mon lièvre avait cette marotte,
Et ne savait pas qu'Aristote
Disait aux jeunes Grecs, à son école admis :
Mes amis, il n'est point d'amis.
Sans cesse il s'occupait d'obliger et de plaire :
S'il passait un lapin, d'un air doux et civil,
Vite il courait à lui : Mon cousin, disait-il,
J'ai du beau serpolet tout près de ma tanière ;
De déjeûner chez moi faites-moi la faveur.
S'il voyait un cheval paître dans la campagne,
Il allait l'aborder : Peut-être Monseigneur
A-t-il besoin de boire ; au pied de la montagne,
Je connais un lac transparent,
Qui n'est jamais ridé par le moindre zéphire :
Si Monseigneur veut, dans l'instant
J'aurai l'honneur de l'y conduire.
Ainsi pour tous les animaux,
Cerfs, moutons, coursiers, daims, taureaux,
Complaisant, empressé, toujours rempli de zèle,
Il voulait de chacun faire un ami fidèle.
Il s'en croyait aimé parce qu'il les aimait.
Certain jour que, tranquille en son gîte, il dormait,
Le bruit du cor l'éveille, il décampe au plus vite :

FABULA VI

LEPUS, AMICI EJUS ET DUÆ CAPREÆ

Olim vivebat quidam lepus indole blanda,
 Cui vehementer opus multus amicus erat.
Multus ! dicet quis, non multus habebitur unquam,
 Unum quandoquidem vix reperire datur.
Sic esse adstipulor; lepus autem non ita noster;
 Namque in eo errabat credulus atque rudis.
Rectius at quidam doctor censebat, amicis
 Hæc recinens: Vere nullus amicus amat.
Cuilibet ille lepus sese præstare studebat
 Et comem verbis officiisque pium.
Illius ante domum si forte cuniculus iret,
 Ultro suppliciter conveniebat eum.
O bone, dicebat, frater, digneris apud me
 Uti quos offert hospita mensa cibos.
Multa mihi in promptu est serpylli copia odori;
 Hanc hodie mecum participare velis.
Si reperiret equum carpentem pascua ruris :
 O domine, aiebat, vis relevare sitim?
Non procul hinc undas isto sub monte notavi,
 Quas nulla illimes asperat aura levis.
Si domino placeat largis bibere haustibus inde,
 Dux ad eas lymphas ipse libenter agam.
Sic lepus ille bonis quemcumque juvare paratus,
 Undique captabat stultus amicitias.
Corde alios deamans sincero, nempe putabat
 Quod pensaretur rursus amore pari.
Forte die quadam, declinans lumina somno,

Quatre chiens s'élancent après ;
Un maudit piqueur les excite :
Et voilà notre lièvre arpentant les guérets.
Il va, tourne, revient, aux mêmes lieux repasse,
Saute, franchit un long espace
Pour dévoyer les chiens ; et, prompt comme l'éclair,
Gagne pays, et puis s'arrête.
Assis, les deux pattes en l'air,
L'œil et l'oreille au guet, il élève la tête,
Cherchant s'il ne voit point quelqu'un de ses amis.
Il aperçoit dans des taillis
Un lapin que toujours il traita comme un frère ;
Il y court : Par pitié sauve-moi, lui dit-il ;
Donne retraite à ma misère,
Ouvre-moi ton terrier ; tu vois l'affreux péril...
Ah ! que j'en suis fâché, répond d'un air tranquille
Le lapin ; je ne puis t'offrir mon logement,
Ma femme accouche en ce moment ;
Sa famille et la mienne ont rempli mon asile ;
Je te plains bien sincèrement :
Adieu, mon cher ami. Cela dit, il s'échappe,
Et voici la meute qui jappe.
Le pauvre lièvre part. A quelques pas plus loin
Il rencontre un taureau, que cent fois au besoin
Il avait obligé ; tendrement il le prie
D'arrêter un moment cette meute en furie,
Qui de ses cornes aura peur.
Hélas ! dit le taureau, je voudrais de grand cœur
Dans ce pressant danger moi-même te défendre ;
Mais sans délai je dois me rendre
Là-bas, où me convie une affaire d'honneur.
Disant ces mots, il part. Notre lièvre hors d'haleine,
Implore vainement un daim, un cerf dix-cors,
Ses amis les plus sûrs ; ils l'écoutent à peine,

Excitus e latebris aere sonante fugit.
Continuo hunc levium sectatur odora canum vis;
　Metiturque fuga praepete rura lepus.
Itque reditque viam, cursus init atque recursus,
　Hac uti divertat providus arte canes.
Cum deinde a canibus longum videt intervallum,
　Jam sedet, ut lassus membra quiete levet.
Interea vigiles oculos huc vertit et illuc,
　Si quis amicorum possit adesse sibi.
Illic lepus in silva ex affinibus aspicit unum,
　Qui semper veluti frater amatus erat;
It festinus ad hunc : Et te precor, inquit, amice,
　Nunc mihi fer promptam commiseratus opem.
Vis infesta canum jam me premit, atque peribo,
　Suppetias nisi des hospitiumque bonus.
Ille autem orantis securus, et absque periclo,
　Me tua, frater, ait, sors miseranda movet.
Sed quid agam : nuper domus aucta est prole novella;
　Hospita qui possint tecta patere tibi ?
Verum sorte tua, quae nunc est, moereo, dixit;
　Jamque vale; et sese subtrahit inde citus.
Interea catuli latrantes acrius urgent,
　Atque levi supplex se rapit inde fuga.
Dum fugit, ecce videt taurum in quem magna frequenter
　Largus contulerat munera sponte sua.
Taure, misellus ait, digneris stare parumper;
　Cornua et opponens, sic remorare canes.
Certe quanta ipsos rapiat vis cunque furentes,
　Invalido fient ista mihi arma salus.
O bone, taurus ait, facerem rata vota precantis,
　Commodus atque libens, et mora nulla foret.
Sed nunc, credideris, nequeo praestare quod optas;
　Maxima nam res est expedienda mihi.
Sic ait abscedens; et jam lepus aeger, anhelans

Tant ils ont peur du bruit des cors.
Le pauvre infortuné, sans force et sans courage,
Allait se rendre aux chiens, quand, du milieu des bois,
Deux chevreuils, reposant sous le même feuillage,
  Des chasseurs entendent la voix.
L'un d'eux se lève et part. La meute sanguinaire
  Quitte le lièvre et court après.
  En vain le piqueur en colère
Crie, et jure, et se fâche. A travers les forêts
  Le chevreuil emmène la chasse,
Va faire un long circuit, et revient au buisson,
  Où l'attendait son compagnon.
  Qui dans l'instant part à sa place.
Celui-ci fait de même ; et, pendant tout le jour,
Les deux chevreuils, lancés et quittés tour à tour,
  Fatiguent la meute obstinée.
  Enfin les chasseurs, tout honteux,
Prennent le bon parti de retourner chez eux.
  Déjà la retraite est sonnée,
Et les chevreuils rejoints. Le lièvre, palpitant,
S'approche, et leur raconte, en les félicitant,
Que ses nombreux amis, dans ce péril extrême,
L'avaient abandonné. Je n'en suis pas surpris,
Répond un des chevreuils : A quoi bon tant d'amis ?
  Un seul suffit, quand il nous aime.

Cervos implorat supplice voce duos,
Ambos infelix reputaverat esse fideles;
   Sed nimios faciunt cornua rauca metu.
Ergo abeunt celeres; lepus autem, rebus egenis,
   Se catulis exspes ipse daturus erat.
Ecce duas capreas, viridante sub arboris umbra
   Venantes resonus clangor adesse monet.
Corripit e stratis corpus subito altera surgens,
   Ocior et ventis effugit ante canes.
Ili, lepore, ardentes capream sectantur, omisso,
   Clamosis rabie cor stimulante viris.
At caprea, ingenti gyro per devia silvæ,
   Venantum turbam circum agendo præit.
Ludificata diu multumque hac arte sequentes,
   Tum redit ad sociam quæ vice mota ruit.
Hæc et agens catulos gyrando ludit hiantes;
   Dein repetit dumos functa labore suo.
Sic ambæ currunt capreæ cessantque vicissim,
   Donec lassati succubuere canes.
Hic venatores, ubi spes est omnis adempta,
   Prudenter statuunt rursus abire domum.
Jam cursus flexere viri sine laude retrorsum;
   Lætitiæ et sibi dant mutua signa feræ.
Noster gratatur lepus ipsas, corde micante;
   A canibus tantus moverat ante pavor.
Post enarrat utiam se, jam propiore periclo,
   Juverit optata nullus amicus ope.
Tunc illæ : Noli multos tibi quærere amicos
   Unicus ex animo nos amet, et satis est.

FABLE VII

LE RENARD QUI PRÊCHE

Un vieux renard cassé, goutteux, apoplectique,
    Mais instruit, éloquent, disert,
    Et sachant très-bien sa logique,
    Se mit à prêcher au désert.
Son style était fleuri, sa morale excellente :
Il prouvait en trois points que la simplicité,
    Les bonnes mœurs, la probité,
Donnent à peu de frais cette félicité
    Qu'un monde imposteur nous présente,
Et nous fait payer cher, sans la donner jamais.
Notre prédicateur n'avait aucun succès.
Personne ne venait, hors cinq ou six marmottes,
    Ou bien quelques biches dévotes,
Qui vivaient loin des bruits, sans entours, sans faveur;
Et ne pouvaient pas mettre en crédit l'orateur.
Il prit le bon parti de changer de matière ;
Prêcha contre les ours, les tigres, les lions,
    Contre leurs appétits gloutons,
    Leur soif, leur rage sanguinaire.
Tout le monde accourut alors à ses sermons :
Cerfs, gazelles, chevreuils, y trouvaient mille charmes ;
L'auditoire sortait toujours baigné de larmes ;
    Et le renard devint bientôt fameux.
    Un lion, roi de la contrée,
Bon homme au demeurant, et vieillard fort pieux,
    De l'entendre fut curieux.
Le renard fut charmé de faire son entrée

FABULA VII

VULPES PRÆDICANS

Quædam olim vulpes, ævo confecta senili,
  Quam grave vexabat, tarda podagra, malum;
Artem sed logicam farique edocta diserte,
  Sermonem in solis cœpit habere locis.
Floridior prato, blandæ modulamina linguæ,
  Doctrinamque dabat relligione sacram.
Adsint, aiebat, probitas, moresque pudici,
  Adsit simplicitas, semper habenda comes ;
Propria tunc fiet facileque parabitur illa
  Conditio, quæ nos sola beare potest.
Hanc soleat quamvis fallax promittere mundus,
  Hac nunquam poterit lætificare suos.
Doctrina omnis erat laudabilis illa profecto,
  Utilis at nunquam, magna magistra licet.
Curabat nullus præcepta audire docentis,
  Præter discipulas, absque decore genus.
Namque et erant vetulæ, et secretim vivere suetæ,
  Sulcatæ informes tempore edace genas.
Vulpi non poterat clarescere nomen ab istis,
  Quæ reputabantur vilis, hebesque cohors.
Res ergo est alias prudens aggressa, leones
  Ursosque increpitans, horriferasque tigres.
stius gentis culpabat barbara facta,
  Sanguineos mores ingluviemque feram.
Tunc imbelle genus, capreæ, cerviique stupere,
  Densi humeris, magno fulmen ab ore sonans.
Mox illa eloquii miracula tanta tonantis

A la cour; il arrive, il prêche; et, cette fois,
Se surpassant lui-même, il tonne, il épouvante
    Les féroces tyrans des bois;
Peint la faible innocence, à leur aspect tremblante,
Implorant chaque jour la justice trop lente
    Du Maître et du Juge des rois.
Les courtisans, surpris de tant de hardiesse,
    Se regardaient sans dire rien;
    Car le roi trouvait cela bien.
La nouveauté parfois fait aimer la rudesse.
Au sortir du sermon, le monarque enchanté
Fit venir le renard. Vous avez su me plaire,
Lui dit-il; vous m'avez montré la vérité :
    Je vous dois un juste salaire;
Que me demandez-vous pour prix de vos leçons ?
Le renard répondit : Sire, quelques dindons.

FABLE VIII

LE ROI ALPHONSE

Certain roi qui régnait sur les rives du Tage,
    Et que l'on surnomma le Sage,
    Non parce qu'il était prudent,
    Mais parce qu'il était savant,
Alphonse, fut surtout un habile astronome.
Il connaissait le ciel bien mieux que son royaume,

Eximium vulpi promeruere decus.
Jam leo grandævus, pietas quem fervida movit,
  Prodigium linguæ mandat adesse sibi.
Gavisa est vulpes, quod regis posset in aula
  Flexanimo ore potens munus obire suum.
Ergo se extollens, et semet grandior ipsa
  Effecta, orando flammea tela vibrat.
Silvarum dominos sævire tyrannide dura
  Arguit, et nihili pendere jura sacra.
Innocuam effingit plebem tremere ante potentes,
  Sera malos quoniam vindicat ira Dei.
Aspiciens alios tunc innuit aulicus omnis
  Trans justum auderi talia dicta modum.
Omnia sed nutu, præter spem, rege probante,
  Rem mirata novam permanet aula silens.
Res nova non nunquam gratum facit esse rigorem.
  Rex ad se vulpem lætus adire jubet.
Astanti, ausa es, ait, tu coram ostendere verum;
  Valde animi candor complacet iste mihi.
Porro, magistra, tibi dic merces debita quæ sit?
  Tum vulpes : Aliquot des mihi chortis aves.

FABULA VIII

REX ALPHONSUS

Rex fuit Hispanus, Sapiens cognomine dictus,
  Non quod erat prudens, sed quia doctus erat.
Astronomos inter primos næ! dignus haberi,
  Nosse magis cœlum quam sua regna studens.
Res et concilium regale valere jubebat,
  Ut superi aspiceret noctivaga astra soli.

Et quittait souvent son conseil,
Pour la lune et pour le soleil.
Un soir qu'il retournait à son observatoire,
Entouré de ses courtisans :
Mes amis, disait-il, enfin j'ai lieu de croire
Qu'avec mes nouveaux instruments,
Je verrai cette nuit des hommes dans la lune.
Votre Majesté les verra,
Répondit-on ; la chose est même trop commune,
Elle doit voir mieux que cela.
Pendant tous ces discours, un pauvre, dans la rue,
S'approche, en demandant humblement, chapeau bas,
Quelques maravédis. Le roi ne l'entend pas ;
Et, sans le regarder, son chemin continue.
Le pauvre suit le roi, toujours tendant la main,
Toujours renouvelant sa prière importune ;
Mais, les yeux vers le ciel, le roi, pour tout refrain,
Répétait : Je verrai des hommes dans la lune.
Enfin le pauvre le saisit
Par son manteau royal, et gravement lui dit :
Ce n'est pas de là-haut, c'est des lieux où nous sommes,
Que Dieu vous a fait souverain.
Regardez à vos pieds, là vous verrez des hommes,
Et des hommes manquant de pain.

FABLE IX

LE SANGLIER ET LES ROSSIGNOLS

Un homme riche, sot et vain,
Qualités qui parfois marchent de compagnie,
Croyait pour tous les arts avoir un goût divin,

Olim sub noctem, speculam de more petebat,
 Magnatum turba pone sequente ducem.
Hac nocte, in luna, dixit, ni fallor, amici,
 Vitro, cernam homines, auxiliante novo.
Nec tu solum homines, sed cætera quælibet, aiunt,
 Cui certe in promptu est omne quod esse jubes.
Interea ad regem veniens pauperrimus unus,
 Paucam suppliciter cernuus orat opem.
At vocem orantis princeps non excipit ullam,
 Quem nempe astronomum cœlicus axis habet.
Sed regis lateri meditantis pauper adhærens,
 Usque manum tendit congeminatque preces.
Nec magis attendens, eadem secum usque volutans,
 Rex in luna homines usque videre cupit;
Tunc meditabundum pertæsus veste retentat
 Pauper, et admonitor sanius ista docet :
Non tibi Cœlipotens spatium sublime tueri,
 Verum his in terris imperitare dedit.
Despice paulisper Sapiens, hominesque videbis
 Quos torquet miseros irrequieta fames.

FABULA IX

APER ET LUSCINIÆ

Quidam dives erat stultus, ventosus et idem,
 Insanis etenim corda tumere solent.
Artibus ingenuis rebatur hic esse peritus,

Et pensait que son or lui donnait du génie.
Chaque jour à sa table on voyait réunis
Peintres, sculpteurs, savants, artistes, beaux esprits,
    Qui lui prodiguaient des hommages,
Lui montraient des dessins, lui lisaient des ouvrages,
Écoutaient les conseils qu'il daignait leur donner,
Et l'appelaient Mécène, en mangeant son dîné.
Se promenant un soir dans son parc solitaire,
Suivi d'un jardinier, homme instruit et de sens,
Il vit un sanglier, qui labourait la terre,
Comme ils font quelquefois pour aiguiser leurs dents.
Autour du sanglier, les merles, les fauvettes,
Surtout les rossignols, voltigeant, s'arrêtant,
Répétaient à l'envi leurs douces chansonnettes,
    Et le suivaient toujours chantant.
L'animal écoutait l'harmonieux ramage
Avec la gravité d'un docte connaisseur,
Baissait parfois la hure en signe de faveur,
Ou bien, la secouant, refusait son suffrage.
    Qu'est ceci, dit le financier?
    Comment! les chantres du bocage
Pour leur juge ont choisi cet animal sauvage?
    Nenni, répond le jardinier;
De la terre, par lui fraîchement labourée,
Sont sortis plusieurs vers, excellente curée,
    Qui seule attire ces oiseaux.
    Ils ne se tiennent à sa suite
    Que pour manger ces vermisseaux,
Et l'imbécile croit que c'est pour son mérite.

Ire et divitias ingeniumque simul.*
Scriptores apud hunc, pictores atque poetæ
    Convivabantur, quotidiana cohors.
Cuncti ibant ad opus, donata mane salute
    Monstranti domino munia cuique sua.
Huic ostendebant versus pictasque tabellas,
    Jura velut cuivis dicere posset hebes.
Et quia ponebat convivia splendida dives,
    Mæcenas horum laudibus alter erat.
Olim, dum viridem spatiando viseret hortum,
    Cum famulo quodam mente sagace viro,
Aprum conspexit terram duro ore secantem;
    Sic dentes acuit nempe retusus aper.
Lusciniæ interea, et merulæ circumque supraque
    Nunc stare innumeræ, nunc volitare leves;
Aera certatim modulis mulcere canoris,
    Sectando assidue, læta corona, ferum.
Arrecta ille avium concentus aure legebat,
    Subtilem arbitrum corde superbus agens.
Nutu monstrabat cantum si quando probaret,
    Damnabat contra, succutiendo caput.
Hoccine, dives ait, tam bardo judice vocem
    Blandisonam volucres promere velle bonas.
Cui contra famulus : Tu nunc errore teneris;
    Apro etenim vermes præfodiente scatent.
Pabula porro avibus vermes pergrata ministrant;
    Quare ad eos avidæ conglomerantur aves.
Ast insulsus aper male judicat ipsius ergo
    Tam multas volucres edere dulce melos.

FABLE X

LE DERVIS, LA CORNEILLE ET LE FAUCON

Un de ces pieux solitaires
Qui, détachant leurs cœurs des choses d'ici-bas,
Font vœu de renoncer à des biens qu'ils n'ont pas,
　　Pour vivre du bien de leurs frères ;
Un dervis, en un mot, s'en allait mendiant,
　　　　Et priant,
Lorsque les cris plaintifs d'une jeune corneille,
Par des parents cruels laissée en son berceau,
Presque sans plume encor, vinrent à son oreille.
Notre Dervis regarde, et voit le pauvre oiseau
Allongeant sur son nid sa tête demi-nue.
　　　Dans l'instant, du haut de la nue,
　　　Un faucon descend vers ce nid ;
　　　Et, le bec rempli de pâture,
　　　Il apporte sa nourriture
　　　A l'orpheline qui gémit.
O du puissant Allah providence adorable !
S'écria le Dervis ; plutôt qu'un innocent
Périsse sans secours, tu rends compatissant
　　　Des oiseaux le moins pitoyable !
Et moi, fils du Très-Haut, je chercherais mon pain !
　　　Non, par le Prophète j'en jure ;
Tranquille désormais, je remets mon destin
A celui qui prend soin de toute la nature.
Cela dit, le Dervis, couché tout de son long,
　　　Se met à bayer aux corneilles,
De la création admire les merveilles,

FABULA X

DERVIS, CORNIX ET FALCO

Unus de monachis, qui nil terrestria curant,
    Et bona dimittunt non potienda sibi,
Dervis, more sui generis, mendicus et errans,
    Ibat gratuitas erogitando dapes.
Interea implumem, propriisque parentibus orbam,
    Audit corniculam voce precante queri.
Aspicit; ecce autem nudum caput orphana nido
    Educens, aliquid sollicitabat opis.
Jam falco, celeri veniens de nube volatu,
    Provisor miseræ sufficit ore cibum.
Numinis o summi nunquam non provida cura!
    O pietas nunquam magnificanda satis!
Ne pereat cornix, ope deficiente, misella,
    Vel duro accipitri cor facis esse pium.
Ast ego, dervis ait, qui filius Omnipotentis
    Nominor, anne stipem jam rogitare velim?
Non ita; sed quod, teste Deo, promitto futurum,
    Cura mei victus non erit ulla mihi.
Optimus ille Pater, qui totum temperat orbem,
    Nato sollicitus consulet ipse suo.
Extemplo securus, iners facilisque veterno,
    Derviculus corvis ore supinus hiat.
Hic illic mirans lustrat miracula rerum,
    Quæ terram decorant sidereasque plagas.
Sub noctem noster, stomacho latrante, quiescit;
    Sperat enim e cœlo mox alimenta fore.
Nulla sed adveniunt. Jam somno membra leventur,

De l'univers l'ordre profond.
Le soir vint, notre solitaire
Eut un peu d'appétit, en faisant sa prière :
Ce n'est rien, disait-il ; mon souper va venir. —
Le souper ne vient pas. — Allons il faut dormir,
Ce sera pour demain. Le lendemain l'aurore
    Paraît, et point de déjeuner.
    Ceci commence à l'étonner ;
    Cependant il persiste encore,
Et croit à chaque instant voir venir son dîner.
Personne n'arrivait ; la journée est finie,
Et le dervis, à jeun, voyait d'un œil d'envie
    Ce faucon qui venait toujours
    Nourrir sa pupille chérie.
Tout à coup il l'entend lui tenir ce discours :
    Tant que vous n'avez pu, ma mie,
    Pourvoir vous-même à vos besoins,
    De vous j'ai pris de tendres soins :
    A présent que vous voilà grande,
Je ne reviendrai plus. Allah nous recommande
    Les faibles et les malheureux :
    Mais être faible ou paresseux,
    C'est une grande différence.
    Nous ne recevons l'existence
Qu'afin de travailler pour nous ou pour autrui.
De ce devoir sacré quiconque se dispense
    Est puni de la Providence
    Par le besoin ou par l'ennui.
Le faucon dit et part. Touché de ce langage,
Le dervis converti reconnaît son erreur,
    Et, gagnant le premier village,
    Se fait valet de laboureur.

Cras, inquit, tribuet mensa parata cibos.
Crastina lux oritur, jejuno et pabula desunt;
  Miratur; sed adhuc irrita vota fovet.
Se bene pransurum cœlesti munere sperat
  Dervis; at impastus, luce abeunte, manet.
Interim adoptivæ sua falco pabula natæ
  Usque ministrabat, queis aleretur inops.
Viderat hæc dervis; sed demum, providus altor,
  Falco pupillæ talia voce dedit:
Orphana, dum pastu temet curare nequisti,
  Semper consului sedulus ipse tibi.
Nunc, quoniam potis es victum tibi adulta parare,
  Jam vale; nolo istuc altor adesse redux.
Infirmis, miseris, et quoslibet urget egestas,
  Imperat Omnipotens suppeditemus opem.
Sed pigrum atque inopem ne credas esse quid unum;
  Absimile hoc illi prorsus habere decet.
Nostrum debemus nobis aliisque laborem;
  Omnibus hæc lex est sancta, jubente Deo.
Quisquis id abnuerit laudabile et utile munus,
  Hunc manet anxietas pauperiesque gravis.
Sic ait accipiter; dervisque errasse fatetur
  Se prius, et sapiens jam meliora studet.
Agricolam ergo adiens se pro mercede ferenda,
  Adjutorem operum participemque locat.

FABLE XI

LA BALANCE DE MINOS

Minos, ne pouvant plus suffire
Au fatigant métier d'entendre et de juger
Chaque ombre descendue au ténébreux empire,
　　Imagina, pour abréger,
　　De faire faire une balance,
Où dans l'un des bassins il mettrait à la fois
Cinq ou six morts, dans l'autre un certain poids,
　　Qui déterminait la sentence.
Si le poids s'élevait, alors, plus à loisir,
　　Minos examinait l'affaire ;
　　Si le poids baissait, au contraire,
　　Sans scrupule il faisait punir.
La méthode était sûre, expéditive et claire ;
Minos s'en trouvait bien. Un jour, en même temps,
　　Au bord du Styx la Mort rassemble
Deux rois, un grand ministre, un héros, trois savants.
　　Minos les fait peser ensemble :
　　Le poids s'élève ; il en met deux,
Et puis trois, c'est en vain ; quatre ne font pas mieux
Minos, un peu surpris, ôte de la balance
Ces inutiles poids, cherche un autre moyen ;
Et près de là, voyant un pauvre homme de bien,
Qui, dans un coin obscur, attendait en silence,
　　Il le met seul en contre-poids ;
Les sept ombres alors s'élèvent à la fois.

FABULA XI

TRUTINA MINOIS

Arbiter umbrarum Minos ex tempore longo
   Præegrave vix poterat munus obire suum.
Idcirco ut brevius fierent examina, libram
   Cogitat appositam, quam fabricare jubet.
Quinque aut sex manes super una lance locabat,
   Judicium alterius pondere lancis habens.
Exin, si sursum pondus ferretur iniquum,
   Res erat arbitrio discutienda gravi.
Arbiter at Minos, si deorsum pondus abiret,
   Plectebat, nec ei scrupulus unus erat.
Hæc ratio facilis, simul absque ambagibus ullis,
   Minoi imprimis jure probata fuit.
Ecce autem Stygias Libitina adducit ad undas,
   Quattuor heroes imperiique ducem.
Illi quinque viri in trutina ponuntur eadem;
   Tollitur hæc sursum pondere nempe minor.
Pondera tunc Minos imponit plura gradatim;
   Expertus vero proficit inde nihil.
Amovet, admirans, hæc irrita pondera judex,
   Diversum, ut bene sit, certus inire modum.
Vir bonus ac rectus, tenui de gente, manebat
   Arbitrium summi judicis ore datum.
Hunc unum ponit Minos in lance, statimque
   Præ quinque his unus ponderat ille viris.

FABLE XII

LA CHENILLE

Un jour, causant entre eux, différents animaux
    Louaient beaucoup le ver à soie.
Quel talent, disaient-ils, cet insecte déploie
En composant ces fils si doux, si fins, si beaux,
    Qui de l'homme font la richesse !
Tous vantaient son travail, exaltaient son adresse.
Une chenille seule y trouvait des défauts,
Aux animaux surpris en faisait la critique,
    Disait des mais et puis des si...
Un renard s'écria : Messieurs, cela s'explique ;
    C'est que madame file aussi.

FABLE XIII

L'HERMINE, LE CASTOR ET LE SANGLIER

Une hermine, un castor, un jeune sanglier,
Cadets de leur famille, et partant sans fortune,
    Dans l'espoir d'en acquérir une,
Quittèrent leur forêt, leur étang, leur hallier.
Après un long voyage, après mainte aventure,
    Ils arrivent dans un pays

FABULA XII

ERUCA

Artifici quondam bombyci animalia multa
   Certabant laudum munera digna dare.
Ut valet ingenio, dicebant, ut valet arte,
   Dum sibi mirificam construit ille domum !
Ut pretiosa edit de pectore fila tumenti,
   Unde homo fit dives, dives et unde nitet !
Laudabatur opus, simul ipsa peritia cunctis,
   Una erat his crampe dissona laude brevi.
Collaudare quidem facile laudanda volebat,
   Plurima carpendi jure manente tamen.
Certe, si foret hoc, vel ni foret istud et illud,
   Laudato artifici laus mea parta foret.
Tum vulpes, aliis mirantibus : Hoc nihil, inquit,
   Miror ego in domina : quippe net illa quoque.

FABULA XIII

HERMINIA, CASTOR ET APER

Olim tres socii, mus, castor, junior et sus,
   Jura quibus poterant cedere nulla patris,
Ut bene rem gererent, si fors rideret amica,
   Unusquisque suam deseruere domum.
Mille peragratis terris errore viarum,
   Elysio assimiles una adiere locos.

Où s'offrent à leurs yeux ravis
Tous les trésors de la nature ; [fruits.
Des prés, des eaux, des bois, des vergers pleins de
Nos pèlerins, voyant cette terre chérie,
Éprouvent les mêmes transports
Qu'Énée et ses Troyens, en découvrant les bords
Du royaume de Lavinie.
Mais ce riche pays était de toutes parts
Entouré d'un marais de bourbe,
Où des serpents et des lézards
Se jouait l'effroyable tourbe.
Il fallait le passer, et nos trois voyageurs
S'arrêtent sur le bord, étonnés et rêveurs.
L'hermine la première avance un peu la patte ;
Elle la retire aussitôt,
En arrière elle fait un saut,
En disant : Mes amis, fuyons en grande hâte ;
Ce lieu, tout beau qu'il est, ne peut nous convenir ;
Pour arriver là-bas il faudrait se salir ;
Et moi, je suis si délicate,
Qu'une tache me fait mourir.
Ma sœur, dit le castor, un peu de patience ;
On peut sans se tacher quelquefois réussir ;
Il faut alors du temps et de l'intelligence.
Nous avons tout cela : pour moi, qui suis maçon,
Je vais en quinze jours vous bâtir un beau pont,
Sur lequel nous pourrons, sans craindre les morsures
De ces vilains serpents, sans gâter nos fourrures,
Arriver au milieu de ce charmant vallon.
Quinze jours ! Ce terme est bien long,
Répond le sanglier ; moi, j'y serai plus vite ;
Vous allez voir comment. En prononçant ces mots,
Le voilà qui se précipite
Au plus fort du bourbier, s'y plonge jusqu'au dos ;

Attonitos oculos hic omnia grata juvabant,
  Horti pomiferi, florida prata, lacus.
Has nostri sedes ubi conspexere beatas,
  Maxima laetitiae signa dedere simul.
Haud secus Æneadum mœrentia corda levavit
  Italia ex alto denique visa mari.
At cœnosa palus sedes circumdabat istas,
  Cancris atque nepis reptilibusque frequens.
Hic nostri comites dubii restare; sed ipsis
  Fati erat imperio transgredienda palus.
Mus proferre pedem tentat, properusque reducit;
  Cura adeo hunc niveae sedula vestis habet:
Hinc, ait, execrans, subito fugiamus, amici;
  Pulcher hic est nullo dignus amore locus.
Non nisi turpatis cœno illuc ire licebit;
  At ne quid maculer stat vel obire mihi.
Frater, ait castor, nos hic patienter agamus;
  Multi rem fauste vel sine sorde gerunt.
Tempore nunc opus est nec non et mente sagaci;
  Deficit ut neutrum, res nequit ire male.
En jam structor ego solers, ita credite, pontem
  Intra quinque dies sum fabricare potis.
Illaesi anguino tunc dente, et sorde carentes,
  Jacto illos dabitur tangere ponte locos.
Tunc aper : Ast ego quinque dies hic nolo morari;
  Sedibus his laetis ocius ipse fruar.
Irruit in cœnum subito, et demersus ad armos,
  Bufonum haud curat reptiliumve genus.
Pervenit ad metam cursu lutulentus, et inde
  Aspiciens comites, excutiensque lutum :
Hoc, ait, exemplo cessantes discite, nunc vos,
  Qua ratione sibi sit facienda via.

A travers les serpents, les lézards, les crapauds,
Marche, pousse à son but, arrive plein de boue ;
    Et là, tandis qu'il se secoue,
Jetant à ses amis un regard de dédain :
Apprenez, leur dit-il, comme on fait son chemin.

FABLE XIV

LES ENFANTS ET LES PERDREAUX

Deux enfants d'un fermier, gentils, espiègles, beaux,
    Mais un peu gâtés par leur père,
    Cherchant des nids dans leur enclos,
    Trouvèrent de petits perdreaux,
    Qui voletaient près de leur mère.
Vous jugez de la joie, et comment mes bambins,
    A la troupe qui s'éparpille,
    Vont partout couper les chemins,
    Et n'ont pas assez de leurs mains
    Pour prendre la pauvre famille !
La perdrix, traînant l'aile, appelant ses petits,
    Tourne en vain, voltige, s'approche ;
    Déjà mes jeunes étourdis
    Ont toute sa couvée en poche.
Ils veulent partager comme de bons amis ;
Chacun en garde six ; il en reste un treizième ;
    L'aîné le veut, l'autre le veut aussi.
Tirons au doigt mouillé.—Parbleu non...—Parbleu si.
—Cède, ou bien tu verras.—Mais tu verras toi-même.
De propos en propos, l'aîné, peu patient,
    Jette à la tête de son frère
Le perdreau disputé. Le cadet en colère,

FABULA XIV

PUERI ET PERDICIS PULLI

Agricolæ cuidam nati duo, fronte decori,
    Indole erant ambo res levis atque procax.
Ilis nidos in agri quærentibus obvia perdix
    Fit cum prole alis subsiliente novis.
Subsilit et leve par puerorum, gaudia vultu
    Significans hilari, plausibus atque fremens.
Nec mora, raptores fugitantibus undique pullis
    Præcluduntque vias, injiciuntque manus.
Omnis confestim capitur, mœretque misella
    Proles, et captis condolet orba parens.
Incassum hæc pullos vocitat queribunda retentos;
    Cedere prædatos nescit adunca manus.
Jam numerantur aves; dein, ut solet, inter amicos
    Fratribus ambobus dimidiare placet.
Jam sunt partiti; pullos, ita constat, uterque
    Tres feret; at superest septimus unus adhuc.
Ergo utri cedat decertare acrius ambo;
    Hunc natu major vindicat ipse sibi.
Ast ætate minor se denegat esse minorem
    Jure suo. Arbitra sorte feretur avis:
Sic unus statuit; sed mordicus abnuit alter;
    Alterna est et non stridet utrinque vice.

D'un des siens riposte à l'instant.
L'aîné recommence d'autant ;
Et ce jeu, qui leur plaît, couvre autour d'eux la terre
De pauvres perdreaux palpitants.
Le fermier, qui passait en revenant des champs,
Voit ce spectacle sanguinaire,
Accourt, et dit à ses enfants :
Comment donc ! petits rois, vos discordes cruelles
Font que tant d'innocents expirent sous vos coups !
De quel droit, s'il vous plaît, dans vos tristes querelles,
Faut-il que l'on meure pour vous ?

FABLE XV

LE PERROQUET

Un gros perroquet gris, échappé de sa cage,
Vint s'établir dans un bocage ;
Et là, prenant le ton de nos faux connaisseurs,
Jugeant tout, blâmant tout d'un air de suffisance,
Au chant du rossignol il trouvait des longueurs,
Critiquait surtout sa cadence.
Le linot, selon lui, ne savait pas chanter ;
La fauvette aurait fait quelque chose peut-être,
Si de bonne heure il eût été son maître,
Et qu'elle eût voulu profiter.
Enfin, aucun oiseau n'avait l'art de lui plaire ;

Tu cede, aut ego te... Tu me... Sed rideo contra
    Quas effreno audax evomis ore minas.
Sic certamen erat, donec cerebrosior unus
    Unam fratris in os ejaculatur avem.
Alteram in alterius faciem non segnior alter
    Rejicit ; illa ictu flebile tunsa perit.
Pulli tum reliqui, ludo crudeliter acto,
    In faciem e manibus, missilis instar, eunt.
Mox omni querulæ perdicis prole necata,
    Passim fusa solo membra cruenta jacent.
Agricola ex agris rediens miserando gemiscit,
    Pullos ut laceros seminecesque videt.
Tantula vos ætas sævire tyrannide tanta
    Ausi, ait, immeritas sic laniatis aves!
At, nani reges, quæ jura afferre potestis,
    Pro vobis alius debeat unde mori?

FABULA XV

PSITTACUS

E cavea egressus, vetulus jam psittacus olim
    Arguti nemoris venerat alta petens.
Illic dum volucres concentibus aera mulcent,
    Psittacus arbitrum corde superbus agit.
Ergo subtili ceu mentis acumine pollens,
    Cantores graviter judicat atque notat.
Lusciniam in numeros statuit peccare canendo,
    Hanc et triste queri languidulumque nimis.
Non equidem, ut reputat, caneret male forsan acanthis,
    Se doctore tamen si foret usa prius.
Jam, quæ possit avis Philomelam vincere cantu,

Et dès qu'ils commençaient leurs joyeuses chansons,
Par des coups de sifflet répondant à leurs sons,
    Le perroquet les faisait taire.
Lassés de tant d'affronts, tous les oiseaux des bois
Viennent lui dire un jour : Mais parlez donc, beau sire,
Vous qui sifflez toujours, faites qu'on vous admire.
Sans doute vous avez une brillante voix ;
    Daignez chanter pour nous instruire.
    Le perroquet, dans l'embarras,
Se gratte un peu la tête, et finit par leur dire :
Messieurs, je siffle bien ; mais je ne chante pas.

FABLE XVI

LE RENARD DÉGUISÉ

Un renard plein d'esprit, d'adresse, de prudence,
A la cour du lion servait depuis longtemps ;
    Les succès les plus éclatants
Avaient prouvé son zèle et son intelligence.
Pour peu qu'on l'employât, toute affaire allait bien.
On le louait beaucoup, mais sans lui donner rien ;
Et l'habile renard était dans l'indigence.
    Lassé de servir des ingrats,
De réussir toujours, sans en être plus gras,
Il s'enfuit de la cour dans un bois solitaire :
    Il s'en va trouver son grand-père,
Vieux renard retiré, qui jadis fut visir.
Là, contant ses exploits, et puis les injustices,
    Les dégoûts qu'il eut à souffrir,
Il demande pourquoi de si nombreux services

Non dignam injustus dicere laude velit.
Incipiebat ubi quævis cantare perita,
  Psittacus edebat sibila more suo.
Malebant subito vocem retinere canoram
  Explosæ volucres quam tolerare probra.
Sufferre arbitrium risoris semper iniqui
  Pertæsæ, juxta conglomerantur aves.
Qui gaudes, aiunt, largiri sibila nobis,
  Splendide tu judex, jam melos ede tuum.
Certe tu cantor delectas melleus aures;
  Teque audire diu dulce juvamen erit.
Psittacus hic dubius, scalpens caput ungue, reponit :
  Sibila, non vero est lingua canora mihi.

FABULA XVI

PERSONATA VULPES

Tempore jam longo, quædam famulata leoni
  Canuerat vulpes, calliditate potens.
Quantum ipsi studium foret, atque peritia quanta,
  Indicium dederant plurima gesta bene.
Vellet dum minimum vulpes præstare ministra
  Auxilium, exibant cuncta secunda dehinc.
Laudem si multam, nihil amplius inde ferebat
  Vulpes, semper inops, ingeniosa licet.
Hanc tandem piguit curas impendere frustra,
  Quin et ab ingratis præmii habere nihil.
Aufugit ex aula, grandævum aditura tribunum,
  Cui jam paruerant agmina multa duci.
Huic narrat semet, meritam bene sæpe diuque,
  Injustis toties ingemuisse malis.
Se mirari ideo, cur propter munera tanta,

N'ont jamais pu rien obtenir.
Le bonhomme renard, avec sa voix cassée,
Lui dit : Mon cher enfant, la semaine passée,
Un blaireau, mon cousin, est mort dans ce terrier :
C'est moi qui suis son héritier ;
J'ai conservé sa peau ; mets-la dessus la tienne,
Et retourne à la cour. Le renard avec peine
Se soumit au conseil. Affublé de la peau
De feu son cousin le blaireau,
Il va se regarder dans l'eau d'une fontaine,
Se trouve l'air d'un sot, tel qu'était son cousin.
Tout honteux, de la cour il reprend le chemin.
Mais, quelques mois après, dans un riche équipage,
Entouré de valets, d'esclaves, de flatteurs,
Comblé de dons et de faveurs,
Il vient de sa fortune au vieillard faire hommage :
Il était grand visir. Je te l'avais bien dit,
S'écrie alors le vieux grand-père ;
Mon ami, chez les grands, quiconque voudra plaire
Doit d'abord cacher son esprit.

FABLE XVII

LE HIBOU, LE CHAT, L'OISON ET LE RAT

De jeunes écoliers avaient pris dans un trou
Un hibou,
Et l'avaient élevé dans la cour du collége.
Un vieux chat, un jeune oison
Nourris par le portier, étaient en liaison

Esset præteritæ gratia nulla sibi,
Dux vero senior, tenui cum voce jocatus :
   En, ait, e vivis nupera melis iit.
Hæres ipse fui ; jam defunctæ indue pellem,
   Qua rursus poteris munus obire tuum.
Consilium vulpes non audit tale libenter,
   Jussa tamen prout est rem facit illa novam.
Personata igitur ridendo tegmine melis,
   In vitrea rivi se speculatur aqua.
Tunc stolidi faciem genuinam comperit in se,
   Ut fuerat meles ingenio ante suo.
Jam petit vulpes sedem pudibunda leonis
   Regalem, ut partes insipientis agat.
Personam fatui fortuna arrisit agenti,
   Et nullas cupidæ larga negavit opes.
Vulpi affluxerunt famuli, et pretiosa supellex,
   Imo et adulator multus, ut esse solet.
Fortunata cupit tunc illi solvere grates,
   Qui tam solerter consiliatus erat,
Ille autem vulpi, famulis et honore potitæ,
   Quod tibi provenit gratulor omne bonum.
Regibus ergo, inquit, quicumque placere studebit,
   Ingenii non sit proditor ille sui.

FABULA XVII

BUBO, FELES, ANSER ET MUS

Olim a discipulis in cæca bubo latebra
   Captus, alebatur more cohortis avis.
Eodem in gymnasio cum fele atque ansere bubo
   Grati junctus erat jure sodalitii.
Ipsis quotidie privis impune licebat

Avec l'oiseau ; tous trois avaient le privilége
D'aller et de venir par toute la maison.
  A force d'être dans la classe,
   Ils avaient orné leur esprit,
 Savaient par cœur Denys d'Halicarnasse,
Et tout ce qu'Hérodote et Tite-Live ont dit.
Un soir, en disputant (des docteurs c'est l'usage),
Ils comparaient entre eux les peuples anciens.
Ma foi, disait le chat, c'est aux Égyptiens
Que je donne le prix : c'était un peuple sage,
Un peuple ami des lois, instruit, discret, pieux,
  Rempli de respect pour ses dieux ;
Cela seul, à mon gré, lui donne l'avantage.
   J'aime mieux les Athéniens,
Répondit le hibou. Que d'esprit, que de grâce !
  Et dans les combats quelle audace !
Que d'aimables héros parmi les citoyens !
A-t-on jamais plus fait avec moins de moyens !
  Des nations c'est la première.
  Parbleu ! dit l'oison en colère,
  Messieurs, je vous trouve plaisants.
  Et les Romains, que vous en semble?
  Est-il un peuple qui rassemble
Plus de grandeur, de gloire et de faits éclatants?
  Dans les arts comme dans la guerre,
   Ils ont surpassé vos amis.
   Pour moi, ce sont mes favoris :
Tout doit céder le pas aux vainqueurs de la terre.
Chacun des trois pédants s'obstine à son avis,
Quand un rat, qui de loin entendait la dispute,
Rat savant, qui mangeait des thèmes dans sa hutte,
Leur cria : Je vois bien d'où viennent vos débats.
   L'Égypte vénérait les chats,
Athènes les hiboux, et Rome, au Capitole,

Per totam huc illuc ire, redire, domum.
Quin imo immixti studiis et pene scholares,
  Docti et erant logicen historiamque simul.
Forte, die quadam, tres disseruere periti
  Quis populus veterum staret honore prior.
Jure, inquit feles, primi debentur honores
  Nilicolæ : quis enim dignior esse potest?
Hic populus doctus, sapiensque piusque deorum
  Cultor erat ; quo non justior alter erit.
Bubo, Cecropidas præcellere censeo, dixit ;
  Queis quantum ingenii! gratia quanta quoque!
Quanta domi virtus! quam semper amabilis ipsis!
  Et quanti in bellis innotuere viri!
Quantula opum summa miracula quanta patrarunt!
  Certe inter gentes eminet ista prior.
Præclarum arbitrium næ vos, ait anser, habetis!
  Romulidæ et vobis prætereuntur ita!
Quis fuit et tantus populus? quis laude ferendus
  Majori, et dictu tot memoranda tulit?
Artibus ingenuis idem præclarus et armis,
  Inferior nulla gente, supergreditur.
Ille ergo obtinuit primas, qui vicit et omnes
  Jussit terricolas jura subire data.
Mens erat his eadem concedere nescia, donec
  Mus, strepitu excitus, lite furente, venit.
Hic satis excultus, pastusque volumine multo,
  Ore tenus doctus, talia voce refert :
Sic variat vobis sententia; namque colebant
  Niligenæ feles numina sancta velut,
Bubo et habebatur, quasi Palladis ales, Athenis,
  Et Romæ gratis anser alumnus erat.
Scilicet in quantum nobis est utile quodvis,
  Plusve minusve illud glorificare placet.

Aux dépens de l'État nourrissait les oisons.
Ainsi notre intérêt est toujours la boussole
 Que suivent nos opinions.

FABLE XVIII

LE PARRICIDE

 Un fils avait tué son père.
 Ce crime affreux n'arrive guère
Chez les tigres, les ours; mais l'homme le commet.
 Ce parricide eut l'art de cacher son forfait;
Nul ne le soupçonna. Farouche et solitaire,
Il fuyait les humains, il vivait dans les bois,
Espérant échapper aux remords comme aux lois.
Certain jour, on le vit détruire à coups de pierre
 Un malheureux nid de moineaux.
 Eh! que vous ont fait ces oiseaux?
Lui demande un passant : pourquoi tant de colère?
 Ce qu'ils m'ont fait? répond le criminel ;
Ces oisillons menteurs, que confonde le ciel!
Me reprochent d'avoir assassiné mon père.
Le passant le regarde ; il se trouble, il pâlit;
 Sur son front son crime se lit :
Conduit devant le juge, il l'avoue, et l'expie.
 O des vertus dernière amie,
Toi qu'on voudrait en vain éviter ou tromper,
Conscience terrible, on ne peut t'échapper!

FABULA XVIII

PATRICIDA

Filius ipse patrem mactaverat impius olim;
   Quod scelus horrendum non solet esse tigris.
Manserat occultum, noctu et sine teste patratum,
   Auctorem nullo suspiciente, nefas.
Solivagus vitam in silvis mœrensque trahebat,
   Voce intus sceleris terrificante reum.
Ecce, die quadam, teneras sub matre fovente,
   Sæpius injecta cote, necabat aves.
Carnificem cernit veniens huc forte viator,
   Et simul horrescens et miseratus, ait :
Unde tibi hæc rabies ? Cur te sævire misellas
   Impulit in volucres impius iste furor?
Imbelles, teneræ, tibi quid potuere nocere?
   Heu ! multum, ille refert, hæ nocuere mihi.
Non audis? Sedenim mendaces fulmen adurat !
   Invidiose ab eis en patricida vocor !
Continuo attendens, oculis legit huncce viator ;
   Jamque animadversi pallor in ore sedet.
Proditus indicio, mox judicis ante tribunal,
   Sistitur, et sceleris fit manifesta fides.
Confessus patricida nefas, dat sanguine pœnam.
   O, scelerum es vindex, cordis amara comes !
Te frustra vitare volunt aut fallere sontes ;
   Virtutes et amas, plectis et omne scelus.

LIVRE QUATRIÈME

FABLE I

LE SAVANT ET LE FERMIER

Que j'aime les héros dont je conte l'histoire !
Et qu'à m'occuper d'eux je trouve de douceur !
J'ignore s'ils pourront m'acquérir de la gloire ;
    Mais je sais qu'ils font mon bonheur.
Avec les animaux je veux passer ma vie ;
    Ils sont si bonne compagnie !
Je conviens cependant, et c'est avec douleur,
    Que tous n'ont pas le même cœur.
Plusieurs que je connais, sans qu'ici je les nomme,
    De nos vices ont bonne part ;
Mais je les trouve encor moins dangereux que l'homme ;
Et fripon pour fripon, je préfère un renard.
    C'est ainsi que pensait un sage,
    Un bon fermier de mon pays.
Depuis quatre-vingts ans, de tout le voisinage,
On venait écouter et suivre ses avis.
Chaque mot qu'il disait était une sentence.
Son exemple surtout aidait son éloquence ;
Et, lorsqu'environné de ses nombreux enfants,
    Fils, petit-fils, brus, gendres, filles,
Il jugeait les procès ou réglait les familles,

LIBER QUARTUS

FABULA I

DOCTUS VIR ET VILLICUS

Quos recino heroas quanto complector amore !
    Et quam me super his fabula multa juvat !
Nescio quæ per eos et gloria quanta futura
    Sit mihi ; sed per eos gaudia multa fruor.
Quare cum brutis vitam traducere certum est,
    Ut sunt bruta mihi dulce sodalitium.
Jam concedo equidem, modicum nec pœnitet, istud ;
    Non brutum quodvis indolis esse bonæ.
Haud pauca ipsorum, sublato nomine, novi
    Quæ nosmet referunt sæpe nociva malos.
Sed si rem volumus recte perpendere, par est
    Falsum hominem pejus vulpe timere vafra.
Sic nostras quidam censebat villicus olim,
    Qui, duce natura, non fuit arte sophus.
Jampridem exibant ad eum vicinia tota,
    Nempe ad prudentem consiliisque bonum.
Omnibus hujus erant oracula singula dicta,
    Nobile et exemplar vita probanda senis.
Ipse domi semper medius componere amabat,
    Res ubi vel minimum litigiosa foret.
Ausus nemo esset mentiri, præside tanto,

Nul n'eût osé mentir devant ses cheveux blancs.
Je me souviens qu'un jour dans son champêtre asile
    Il vint un savant de la ville,
Qui dit au bon vieillard : Mon père, enseignez-moi,
    Dans quel auteur, dans quel ouvrage,
    Vous apprîtes l'art d'être sage ?
Chez quelle nation, à la cour de quel roi,
    Avez-vous été, comme Ulysse,
    Prendre des leçons de justice ?
Suivez-vous de Zénon la rigoureuse loi ?
Avez-vous embrassé la secte d'Épicure,
Celle de Pythagore, ou du divin Platon ?
De tous ces messieurs-là je ne sais pas le nom,
Répondit le vieillard : mon livre est la nature ;
    Et mon unique précepteur,
        C'est mon cœur.
Je vois les animaux, j'y trouve le modèle
    Des vertus que je dois chérir :
La colombe m'apprit à devenir fidèle ;
En voyant la fourmi, j'amassai pour jouir;
    Mes bœufs m'enseignent la constance,
Mes brebis la douceur, mes chiens la vigilance ;
    Et si j'avais besoin d'avis
    Pour aimer mes filles, mes fils,
La poule et ses poussins me serviraient d'exemple.
Ainsi dans l'univers tout ce que je contemple
M'avertit d'un devoir qu'il m'est doux de remplir.
Je fais souvent du bien pour avoir du plaisir ;
J'aime et je suis aimé ; mon âme est tendre et pure.
    Et toujours, selon ma mesure,
Ma raison sait régler mes vœux :
J'observe et je suis la nature,
C'est mon secret pour être heureux.

Texere vel fraudes, vel temerare fidem.
Forte sophum urbanus convenit doctor agrestem :
　Unde sapis, dixit, mi venerande pater.
Queis libris usus, vel quo duce, quove magistro,
　Facta ut sit sophiæ copia tanta tibi ?
Quas invisisti gentes, quos reges, instar Ulyssis,
　Providus ut posses jura parare sacra ?
Stoicus an sequeris rigidus quæ Zeno docebat :
　An sophiam facilem deliciosus amas ?
Alter Pythagoras, an credis te esse renatum ?
　An rem Socraticam, more Platonis, habes ?
— Doctores tantos non ipso nomine novi ;
　At natura patens fit meus usque liber.
Utor corde meo quasi præceptore benigno :
　Sic rudis, at plenus mente sagaco refert.
Quin, ait, exemplar, quæ cerno, animalia præbent,
　Ut bonus atque pius sim magis atque magis.
Edocuit me casta columba manere fidelem,
　Et formica frui parta labore meo.
Jam docuere boves operi perstare ferendo,
　Et mansuescere oves, et vigilare canem.
Ipsa et amare meos certe gallina doceret,
　Quæ teneram prolem tam studiosa fovet.
Hac ratione, boni quidquid contemplor in orbe,
　Id docet ut pariter sim bonus, idque placet.
Sæpe bonum facio, quo possim me ipse beare ;
　Quos amo me redamant rursus amore pari.
Contineo frugi concesso in limite vota ;
　Sic mea, quæcumque est, sors fit amata mihi.

FABLE II

L'ÉCUREUIL, LE CHIEN ET LE RENARD

Un gentil écureuil était le camarade,
  Le tendre ami d'un beau danois.
Un jour qu'ils voyageaient comme Oreste et Pylade,
  La nuit les surprit dans un bois.
En ce lieu point d'auberge ; ils eurent de la peine
  A trouver où se bien coucher.
Enfin le chien se mit dans le creux d'un vieux chêne,
Et l'écureuil plus haut grimpa pour se nicher.
  Vers minuit (c'est l'heure des crimes),
  Longtemps après que nos amis,
En se disant bonsoir, se furent endormis,
Voici qu'un vieux renard, affamé de victimes,
Arrive au pied de l'arbre, et, levant le museau,
  Voit l'écureuil sur un rameau.
Il le mange des yeux, humecte de sa langue
Ses lèvres, qui de sang brûlent de s'abreuver.
Mais jusqu'à l'écureuil il ne peut arriver.
  Il faut donc par une harangue
L'engager à descendre, et voici son discours :
  Ami, pardonnez, je vous prie,
Si de votre sommeil j'ose troubler le cours ;
Mais le pieux transport dont mon âme est remplie
Ne peut se contenir : je suis votre cousin
    Germain ;
Votre mère était sœur de feu mon digne père.
Cet honnête homme, hélas ! à son heure dernière,
M'a tant recommandé de chercher son neveu,
  Pour lui donner moitié du peu

FABULA II

SCIURUS, CANIS ET VULPES

Corde pio catulus quondam bellusque sciurus
    Nexuerant ambo fœdus amicitiæ.
More olim Pyladæ necnon et Orestis euntes,
    Obscurum subeunt, sole cadente, nemus.
Illic nulla domus defessis ; vixque repertus
    Aptus ubi possent nocte cubare locus.
Ima se catulus componit in arbore, summam
    Dum petit, efficiens ungue sciurus iter.
Noctem sub mediam, vetitis est hora secunda,
    Dormibant comites, ante salute data.
Hæc inter, nocturna vagans devenit asylum
    Arboreum vulpes, exstimulata fame.
Suspiciens prædam dum quæritat, ecce sciurum
    Compositum videt hic in statione sua.
Devorat hunc oculis, et lingua labra remulcet,
    Sanguinis hanc adeo torret anhela sitis.
Interea remanet tranquillus in arce sciurus ;
    Hostis inaccessum, melleus ore, petit.
Pace tua liceat, mi dulcis amicule, dixit,
    Ut modo tantisper sit tibi rupta quies.
Sed teneros in te nequeo compescere motus ;
    Sanguine jam fratres, simus amore magis,
Quæ tua mater erat, soror hæc germana parentis
    Ipsa mei, quem mors nuper acerba tulit.
Me pater hic moriens jurando jure coegit
    Temet congenerem quærere ubique suum ;
Nempe hæredioli careas ne parte virili.
    Nunc ergo properans, frater amate, veni

Qu'il m'a laissé de bien ! Venez donc, mon cher frère,
    Venez, par un embrassement,
Combler le doux plaisir que mon âme ressent.
Si je pouvais monter jusqu'aux lieux où vous êtes,
Oh ! j'y serais déjà, soyez-en bien certain.
    Les écureuils ne sont pas bêtes,
    Et le mien était fort malin.
    Il reconnaît le patelin,
Et répond d'un ton doux : Je meurs d'impatience
    De vous embrasser, mon cousin ;
Je descends ; mais pour mieux lier la connaissance,
Je veux vous présenter mon plus fidèle ami,
Un parent, qui prit soin de nourrir mon enfance :
Il dort dans ce trou-là ; frappez un peu ; je pense
Que vous serez charmé de le connaître aussi.
    Aussitôt maître renard frappe,
Croyant en manger deux ; mais le fidèle chien
    S'élance de l'arbre, le happe,
    Et vous l'étrangle bel et bien.
Ceci prouve deux points : d'abord qu'il est utile
Dans la douce amitié de placer son bonheur ;
Puis, qu'avec de l'esprit il est souvent facile
Au piège qu'il nous tend de surprendre un trompeur.

FABLE III

LE COURTISAN ET LE DIEU PROTÉE

On en veut trop aux courtisans ;
On va criant partout qu'à l'État inutiles

O pridem exoptate, veni, et complexibus arctis,
　Gaudia quæ capio, jam cumulare velis.
O si istuc ad te felix ascendere possem,
　Sic reputes, in me non foret ulla mora.
Subtili ingenio nunquam caruere sciuri,
　Nosterque eximiæ calliditatis erat.
Ipse igitur vulpis detecta fraude scelestæ,
　Mellitis dictis usus et ipse, refert :
Te mihi jam cordi est dudum, germana, tenere
　Amplexu ; hinc adsum protinus ipse tibi.
Verum ut jungamur pariter felicius ambo,
　Tradam, qui cunctos vincit amicitia.
Sedulus a puero semper me eduxit alumnum ;
　Inferius recubans arboris ima tenet.
Illic modo pulsare est. Multum lætaberis isto
　Tu consorte, reor, cum tibi notus erit.
Actutum pulsat vulpes, gestitque putando
　Se pransuram epulo duplice forte bona.
Irruit at canis, et fallacia vota foventem
　Opprimit, et cæsam dente relinquit humi.
Hinc primum socio videas opus esse fideli,
　Præsenti qui nos adjuvet aptus ope :
Dein acie ingenii tempestiva, unde dolosum
　Callidiore prior ludificare dolo.

FABULA III

AULICUS ET DEUS PROTEUS

Immeritis odiis vir non semel aulicus ardet :
　Nunquam aliis, aiunt, utilis ille fuit :

Pour leur seul intérêt ils se montrent habiles :
    Ce sont discours de médisants.
J'ai lu, je ne sais où, qu'autrefois en Syrie,
Ce fut un courtisan qui sauva sa patrie.
    Voici comment. Dans le pays
    La peste avait été portée,
Et ne devait cesser que quand le dieu Protée
    Dirait là-dessus son avis.
Ce dieu, comme l'on sait, n'est pas facile à vivre ;
Pour le faire parler, il faut longtemps le suivre ;
    Près de son antre l'épier,
    Le surprendre, et puis le lier,
    Malgré la figure effrayante
    Qu'il prend et quitte à volonté.
Certain vieux courtisan, par le roi député,
Devant le dieu marin tout à coup se présente.
    Celui-ci, surpris, irrité,
Se change en noir serpent ; sa gueule empoisonnée
Lance et retire un dard, messager du trépas,
Tandis que, dans sa marche oblique et détournée,
Il glisse sur lui-même, et d'un pli fait un pas.
Le courtisan sourit : Je connais cette allure,
Dit-il, et mieux que toi je sais mordre et ramper.
    Il court alors pour l'attraper ;
    Mais le dieu change de figure ;
Il devient tour à tour singe, lynx et renard.
    Tu veux me vaincre dans mon art,
Disait le courtisan ; mais depuis mon enfance,
Plus que ces animaux avide, adroit, rusé,
Chacun de ces tours-là pour moi se trouve usé.
Changer d'habit, de mœurs, même de conscience,
    Je ne vois là rien que d'aisé.
    Lors il saisit le dieu, le lie,
Arrache son oracle, et retourne vainqueur.

Ast idem est semper sibimet prodesse peritus;
  Hæc inferre solet verbera lingua procax.
Olim, ut apud quemdam legi, celabitur auctor,
  Aulicus una fuit, re pereunte, salus.
Forte malum, quo non sævit violentius ullum,
  Ingruerat terris, perniciosa lues.
Non hæc pestis erat, fatali lege, fuganda,
  Consilium Proteus ni daret ante suum.
Ille autem vates, ut fama est, arte maligna,
  Difficiles aditus ingeniosus habet.
Dat responsa quidem; prius at fuit usque petendus
  Multis et vinclis insidiisque simul.
Arripitur quoties cluso lubricus astu,
  Usque reluctantem vincula stricta premant.
Terribiles formas tunc induit, atque vicissim
  Exuit, at nunquam prodiit inde malum.
Jamque a rege venit missus qui Protea visat,
  Aulicus ingenio consiliisque valens.
Regius orator stat coram vate marino,
  Qui formas properat sumere more suo.
Fit draco squamosus, telumque urente veneno
  Lethiferum exertat, sibilaque ora tumet.
Interea obliquans sinuosa volumina caudæ,
  Labitur, et flexo corpore serpit humi.
Aulicus arridens: Mordere ac repere, dixit,
  Te melius novi, lubrice, teque prius.
Et prensurus adit. Sed, mutata ante figura,
  Fit Proteus vulpes, simius atque tigris.
Cui legatus ait: Tu me superare laboras
  Arte mea; sedenim quid juvat iste labor?
En sum de teneris avidus, vafer, atque peritus,
  Alternis vulpes, simius atque tigris.
Imo de tribus his me nunquam vicerit ulla
  Bestia; at istæ artes jam senuere mihi.

Ce trait nous prouve, ami lecteur,
Combien un courtisan peut servir sa patrie.

FABLE IV

LE HIBOU ET LE PIGEON

Que mon sort est affreux ! s'écriait un hibou :
Vieux, infirme, souffrant, accablé de misère,
    Je suis isolé sur la terre,
Et jamais un oiseau n'est venu dans mon trou,
Consoler un moment ma douleur solitaire.
    Un pigeon entendit ces mots,
    Il courut auprès du malade :
    Hélas ! mon pauvre camarade,
    Lui dit-il, je plains bien vos maux.
Mais je ne comprends pas qu'un hibou de votre âge
    Soit sans épouse, sans parents,
    Sans enfants ou petits-enfants;
N'avez-vous point serré les nœuds du mariage
    Dans le cours de vos jeunes ans?
Le hibou répondit : Non, vraiment, mon cher frère :
    Me marier ! et pourquoi faire ?
    J'en connaissais trop le danger.
Auriez-vous donc voulu que j'eusse pour épouse
    Quelque chouette jalouse,
Qui me trahît sans cesse ou me fit enrager;
Qui me donnât des fils d'un mauvais caractère,

Namque animum veluti vestem variare, prout res
　Admonuit quævis, arte docente, scio.
Continuo vatem correptum compede vincit;
　Consilioque redit victor ovansque dato.
Arguit exemplum quanta patriæ aulicus esse
　Rebus in adversis utilitate queat.

FABULA IV

BUBO ET COLUMBUS

Heu! mihi quam gravis est! quam me fortuna fatigat!
　Sic erat assuetus flebile bubo queri.
En infirmus ego, pauper, fractusque senecta,
　Usque ævum solus triste seorsus ago;
Et me adeo miserum volucris non convenit ulla,
　Quæ grato eloquio dulcis amica juvet.
Proximus audivit mœrentis verba columbus.
　Et properans ægro dulcia dona tulit.
Næ tua, frater, ait, sors est miseranda, tuumque
　Luctum corde meo participare placet.
Attamen id miror te in tanta ætate carere
　Omni cognato, conjuge, prole quoque.
Junior an nunquam vixisti lege marita?
　Hanc legem ex animo deprecor, ille refert.
Mene, inquit, potuisse putas socialia ferre
　Vincula, quæ tanto corda dolore gravant!
Mene etiam potuisse pati, consorte scelesta,
　Et violante fidem, connubiale jugum!
Jam natos taceo, tali genitrice, futuros,
　E quibus in patrem gratia nulla foret :
Impia corda, patris mortem exoptantia; namque

Ingrats, menteurs, mauvais sujets,
Désirant en secret le trépas de leur père?
Car c'est ainsi qu'ils sont tous faits.
Pour des parents, je n'en ai guère,
Et ne les vis jamais ; ils sont durs, exigeants,
Pour la moindre cause ils s'irritent,
N'aiment que ceux dont ils héritent :
Encor ne faut-il pas qu'ils attendent longtemps.
Tout frère ou tout cousin nous déteste et nous pille.
— Je ne suis pas de votre avis,
Répondit le pigeon. Mais parlons des amis ;
Des orphelins c'est la famille :
Vous avez dû près d'eux trouver quelques douceurs.
— Les amis ! ils sont tous trompeurs.
J'ai connu deux hibous qui tendrement s'aimèrent
Pendant quinze ans, et, certain jour,
Pour une souris s'égorgèrent.
Je crois à l'amitié moins encor qu'à l'amour.
— Mais ainsi, Dieu me le pardonne !
Vous n'avez donc aimé personne?
— Ma foi, non ; soit dit entre nous.
— En ce cas-là, mon cher, de quoi vous plaignez-vous !

FABLE V

LA VIPÈRE ET LA SANGSUE

La vipère disait un jour à la sangsue :
Que notre sort est différent !
On vous cherche, on me fuit ; si l'on peut, on me tue ;
Et vous, aussitôt qu'on vous prend,
Loin de craindre votre blessure,

Pravæ hujus proles indolis esse solet.
At consanguinei sunt pauci, quos fere nunquam
 Convenio, querulos, et sine corde pio :
Imo iracundos temere, nec amare volentes,
 Spes nisi in expletos credula pascit opum.
Indignantur item, cupidos si forte moretur
 Mors bene nummato claudere sera diem.
Cognatus quivis ultro furatur et odit;
 Mens mihi non eadem, jure columbus ait.
Quid vero? An nullos etiam numerabis amicos,
 Quos velut affines orphanus omnis habet?
Certe et amicorum sensisti dulce levamen?
 — O bone! quod laudas dulce levamen abest.
Singuli amicorum sunt falsi... Nonne fuere
 Ili duo, quos novi, veri in amore diu?
Ili duo bubones, olim pro sorice vili,
 Quali epulo, morsu disperiere suo.
Nescio amici ubi sint, superent si forsan amantes!
 — Sic est... Ne me ideo puniat ira Dei!
An vero, frater, nullum es complexus amore?
 — Nullum certe... — Ergo desine plura queri...

FABULA V

VIPERA ET HIRUDO

Olim, cum stagni ad ripam repsisset hirudo,
 Vipera sic illi, more stupentis, ait :
Miror ut absimilis sors nobis facta sit : ecce
 Me exhorret, dum te comiter omnis habet.
Me rabies humana petit, captamque trucidat;

L'homme vous donne de son sang
Une ample et bonne nourriture :
Cependant vous et moi faisons même piqûre.
La citoyenne de l'étang
Répond : Oh! que nenni, ma chère ;
La vôtre fait du mal, la mienne est salutaire.
Par moi plus d'un malade obtient sa guérison,
Par vous tout homme sain trouve une mort cruelle.
Entre nous deux, je crois, la différence est belle :
Je suis remède, et vous poison.
Cette fable aisément s'explique :
C'est la satire et la critique.

FABLE VI

LE PACHA ET LE DERVIS

Un Arabe, à Marseille, autrefois m'a conté
Qu'un pacha turc, dans sa patrie,
Vint porter, certain jour, un coffret cacheté
Au plus sage dervis qui fût en Arabie.
Ce coffret, lui dit-il, renferme des rubis,
Des diamants d'un très-grand prix :
C'est un présent que je veux faire
A l'homme que tu jugeras
Être le plus fou de la terre.
Cherche bien, tu le trouveras.
Muni de son coffret, notre bon solitaire
S'en va courir le monde. Avait-il donc besoin
D'aller loin?
L'embarras de choisir était sa grande affaire ;

Te bene curandam captat amica manus.
Captæ etenim nedum noceatur, larga frequenter
　Sanguinis humani copia sponte datur.
Ore tamen pariter mordemus utraque tenaci.
　Non idem est noster morsus, hirudo refert.
Dum nocet iste tuus, meus est medicina benigna;
　Per me ægris rediit non semel alma salus.
Quot sanos vero per te mors atra peremit?
　Num differre potest inter utramque magis?
Ore salutiferos medicanti exerceo morsus,
　Tu funesta necas ore venenifero.
Censuram ingenuam justamque figurat hirudo :
　Vipera sed satyram felle nocente trucem.

FABULA VI

PACHA ET DERVIS

Regulo ab Ottomano fuit arcula credita cuidam
　Dervisio, quo non sanior alter erat.
Intus habet, dixit credens, hæc arcula gemmas,
　Indica quas gremio divite terra dedit.
Illic illas proprium, me judice, munus habeto,
　Quisquis stultitiæ plurima signa feret.
Stultorum hic princeps, terrarum ubicumque latebit,
　Certe quærentem fallere non potis est.
Quæsitum it dervis quem donet munere stultum ;
　Ast opus haud illi longius ire fuit.
De genere hoc etenim cum multus adesset cunti,
　Non delectus erat res operosa parum.
Non semel ipse sua capsellam sponte daturus
　Fortuito cuivis, indubitavit adhuc.

10.

Des fous toujours plus fous venaient de toutes parts
    Se présenter à ses regards.
    Notre pauvre dépositaire
Pour l'offrir à chacun saisissait le coffret ;
    Mais un pressentiment secret
    Lui conseillait de n'en rien faire,
    L'assurait qu'il trouverait mieux.
    Errant ainsi de lieux en lieux,
    Embarrassé de son message,
    Enfin, après un long voyage,
Notre homme et le coffret arrivent un matin
    Dans la ville de Constantin.
    Il trouve tout le peuple en joie.
— Que s'est-il donc passé? — Rien, lui dit un iman :
    C'est notre grand visir que le sultan envoie,
    Au moyen d'un lacet de soie,
    Porter au Prophète un firman.
Le peuple rit toujours de ces sortes d'affaires ;
    Et, comme ce sont des misères,
Notre empereur souvent lui donne ce plaisir.   [visir
— Souvent ? — Oui. — C'est fort bien. Votre nouveau
Est-il nommé ? — Sans doute, et le voilà qui passe.
Le dervis, à ces mots, court, traverse la place,
Arrive, et reconnaît le pacha son ami.
    Bon ! te voilà, dit celui-ci.
Et le coffret ? — Seigneur, j'ai parcouru l'Asie ;
J'ai vu des fous parfaits, mais sans oser choisir.
    Aujourd'hui ma course est finie ;
    Daignez l'accepter, grand visir.

Hæc secum reputans : Fortasse insanior alter
  Occurret, gemmas dignus habere magis.
Capsellam et retinens, usque errabundus abibat,
  Cum non prodisset munificandus homo.
Denique ubi dervis multum telluris obivit,
  Constantinopolim, sole oriente, redit.
Urbs trepidabat ovans, dervisque interrogat unde
  Tantis lætitiis omnia in urbe fremant.
Res nova non agitur, quidam sic voce reponit ;
  Res est, quæ plebem lætificare solet :
Summo ab rege visir magnus migrare jubetur
  E vita, collo serica vincla ferens.
Hinc semper gaudet secure ignobile vulgus,
  Et sic sæpe frui, rege volente, potest.
—Sæpe ais ?—Aio. — Novus princeps fuit anne creatus ?
  —Et fuit absque mora... Prætcrit ecce modo.
Spectatum it dervis ; stupet admirabile factum ;
  Ipse visir princeps factus amicus erat.
Conspecto dervi dat voce manuque salutem
  Princeps, atque ubi sit credita capsa rogat.
Hancce merebat, ait dervis, quicumque fuisset
  Compertus reliquis desipuisse magis.
Te rursus viso, mihi jam consistere fas est ;
  Cedit cum gemmis capsula jure tibi.

FABLE VII

LE LABOUREUR DE CASTILLE

Le plus aimé des rois est toujours le plus fort :
    En vain la fortune l'accable ;
En vain mille ennemis, ligués avec le sort,
Semblent lui présager sa perte inévitable ;
L'amour de ses sujets, colonne inébranlable,
    Rend inutile leur effort.
Le petit-fils d'un roi, grand par son malheur même,
Philippe, sans argent, sans troupes, sans crédit,
    Chassé par l'Anglais de Madrid,
    Croyait perdu son diadème.
Il fuyait presque seul, déplorant son malheur :
Tout à coup à ses yeux s'offre un vieux laboureur,
Homme franc, simple et droit, aimant plus que sa vie
Ses enfants et son roi, sa femme et sa patrie ;
Parlant peu de vertu, la pratiquant beaucoup ;
Riche, et pourtant aimé ; cité dans les Castilles
    Comme l'exemple des familles.
    Son habit, filé par ses filles,
    Était ceint d'une peau de loup.
Sous un large chapeau, sa tête bien à l'aise,
Faisait voir des yeux vifs et des traits basanés,
    Et les moustaches, de son nez
    Descendaient jusque sur sa fraise.
Douze fils le suivaient, tous grands, beaux, vigoureux.
Un mulet, chargé d'or, était au milieu d'eux.
    Cet homme, dans cet équipage,
Devant le roi s'arrête, et lui dit : Où vas-tu ?

FABULA VII

AGRICOLA CASTELLANUS

Regnanti major tanto solet esse potestas,
  Quanto a subjectis major habetur amor.
Casibus incassum variis talem urget iniqua
  Fortuna, et circum bella tremenda furunt.
Illi fidus amor, tutela invicta, suorum,
  Quæ conterruerant irrita cuncta facit.
Rex Hispanorum testis fuit ille Philippus,
  Proles magni, inter sortis amara, patris.
Ille urbe et regnis depulsus ab hoste Britanno,
  Omnia rebatur disperiisse sibi.
Aufugiens tristis, pauca comitante caterva,
  Factus ruricolæ est obvius ecce viro.
Hic vir erat grandis, sed nondum debilis ævo,
  Et tam consiliis quam probitate bonus.
Illi magnanimo vel vita carius ipsa
  Patria amabatur rexque Philippus item.
Jam virtutis erat parcus laudator, at idem
  Illius cultor plurimus atque frequens.
Ille erat et pecore et cultis ditissimus agris ;
  Invidia hinc illi non fuit ulla tamen.
Illius vestem succinctam pelle lupina
  Natarum suerat nere perita manus.
Amplo sub petaso duo lumina acuta micabant,
  Cuncta et erat facies sole perusta gravi.
Martia de labris descendens barba supernis
  Colli textilium condecorabat opus.
Hunc comitabantur bis seni ætate vigentes

Un revers t'a-t-il abattu ?
Vainement l'archiduc a sur toi l'avantage ;
C'est toi qui régneras, car c'est toi qu'on chérit.
　　　Qu'importe qu'on t'ait pris Madrid ?
Notre amour t'est resté, nos corps sont tes murailles :
Nous périrons pour toi dans les champs de l'honneur.
　　　Le hasard gagne les batailles ;
Mais il faut des vertus pour gagner notre cœur.
Tu l'as, tu régneras. Notre argent, notre vie,
Tout est à toi, prends tout. Grâces à quarante ans
　　　De travail et d'économie,
Je peux t'offrir cet or. Voici mes douze enfants,
Voilà douze soldats ; malgré mes cheveux blancs,
Je ferai le treizième ; et, la guerre finie,
Lorsque tes généraux, tes officiers, tes grands,
Viendront te demander, pour prix de leur service,
　　　Des biens, des honneurs, des rubans,
Nous ne demanderons que repos et justice.
C'est tout ce qu'il nous faut. Nous autres pauvres gens
Nous fournissons au roi du sang et des richesses ;
　　　Mais, loin de briguer ses largesses,
　　　Moins il donne, et plus nous l'aimons.
Quand tu seras heureux, nous fuirons ta présence,
　　　Nous te bénirons en silence :
　　　On t'a vaincu, nous te cherchons.
Il dit, tombe à genoux. D'une main paternelle,
Philippe le relève, en poussant des sanglots ;
Il presse dans ses bras ce sujet si fidèle,
Veut parler, et les pleurs interrompent ses mots.
　　　Bientôt, selon la prophétie
Du bon vieillard, Philippe fut vainqueur,
　　　Et, sur le trône d'Ibérie,
　　　N'oublia point le laboureur.

Filii, honorando pulchra corona seni.
Mulus eis medius gaza incedebat onustus :
　Mox regem alloquitur sic prior ipse pater :
Quo meus hinc princeps? quianam vice simplice victus
　Diffidit, ceu spes omnis adempta foret?
Æmulus ille tuus rediit certamine frustra
　Victor, cui favit sors inimica tibi.
In nos imperium certe rex noster habebis,
　Cum tibi sit merito noster adeptus amor ?
Matritum hostis habet ; sed non est corda potitus,
　Queis stabit tibi, rex, intemerata fides.
Nostra tuebuntur te nostrum corpora regem ;
　Hæc armata tibi mœnia semper erunt.
Pro te, rex, acie vitam fundemus honeste ;
　Hic vincit, cui sors officiosa favet.
At virtute opus est, corda ut regnentur et ipsa ;
　Ergo promeritum mox diadema feres.
Quidquid erit nobis, aurum et cum sanguine vita,
　Sume tibi, et nostras quaslibet utere opes.
Quod victu parcus multoque labore paravi,
　Hoc te auro sum nunc gratificare potis.
Bis seni mihi sunt nati bellare parati ;
　Nec bellum ipse nego participare senex.
Post, quando placida compostus pace quiesces,
　Omnia temnemus præmia, et omne decus.
Securæ satis est nos otia ducere vitæ ;
　Quod fit ubi, jam nos nulla cupido subit.
Regibus en humiles et nostra impendimus et nos ;
　Non avet, ut crescat, munera noster amor.
Rem bene quando geres, lætabimur inde profecto ;
　Verum abs te certum est vivere rege procul.
Nunc quia te vicit bello felicior hostis,
　Adsumus en te opibus prompta juvare manus.
Hæc ait, atque genu flexo procumbit ; at illum

FABLE VIII

LE PAON, LES DEUX OISONS ET LE PLONGEON

Un paon faisait la roue ; et les autres oiseaux
  Admiraient son brillant plumage.
Deux oisons nasillards, du fond d'un marécage,
  Ne remarquaient que ses défauts.
Regarde, disait l'un, comme sa jambe est faite,
  Comme ses pieds sont plats, hideux.
Et son cri, disait l'autre, est si mélodieux,
  Qu'il fait fuir jusqu'à la chouette.
Chacun riait alors du mot qu'il avait dit.
  Tout à coup un plongeon sortit :
Messieurs, leur cria-t-il, vous voyez d'une lieue
Ce qui manque à ce paon ; c'est bien voir, j'en conviens ;
Mais votre chant, vos pieds, sont plus laids que les
  Et vous n'aurez jamais sa queue. [siens,

Sic meritum regis dextra paterna levat.
Regis et amplexus huic tali animoque fideque,
 Verbaque singultu dantur amica pio.
Mox, uti jam senior prædixerat, arma Philippo
 Imperium Hesperiæ fausta dedere suum.
Tunc rex agricolam generosum adeo atque fidelem
 Præ cunctis habuit munificare memor.

FABULA VIII

PAVO, DUO ANSERES ET MERGUS

Stellantis caudæ miracula pavo rotabat :
 Plurima et insignem laude ferebat avis.
Interea anser erat deridens unus et alter,
 Quæ pavonis erant conspicienda minus.
Cernis ut iste habeat male tenuia crura venustus,
 Turpiter atque rigens asperet illa cutis.
Hoc unus primum ; subjungere protinus alter :
 Hunc nempe audisti qualiter ore sonet !
Vocem adeo ingratam solet edere stridulus, ut se
 Proripiat celeri noctua et ipsa fuga.
Et ridere simul contentus uterque cavillis.
 Justior e summo flumine mergus ait :
Vos reor in pavo vitiosa notare peritos;
 Vestris namque oculis visus acutus inest ;
Vos vero crura et cantum pavone minores,
 Cauda nunquam eritis sic radiare potes.

FABLE IX

L'AVARE ET SON FILS

Par je ne sais quelle aventure,
Un avare, un beau jour, voulant se bien traiter,
Au marché courut acheter
Des pommes pour sa nourriture.
Dans son armoire il les porta,
Les compta, rangea, recompta,
Ferma les doubles tours de sa double serrure,
Et chaque jour les visita.
Ce malheureux, dans sa folie,
Les bonnes pommes ménageait ;
Mais, lorsqu'il en trouvait quelqu'une de pourrie,
En soupirant il la mangeait.
Son fils, jeune écolier, faisant fort maigre chère,
Découvrit à la fin les pommes de son père,
Il attrape les clefs et va dans le réduit,
Suivi de deux amis d'excellent appétit.
Or, vous pouvez juger du dégât qu'ils y firent,
Et combien de pommes périrent !
L'avare arrive en ce moment,
De douleur, d'effroi palpitant :
Mes pommes ! criait-il ; coquins, il faut les rendre,
Ou je vais tous vous faire pendre.
— Mon père, dit le fils, calmez-vous, s'il vous plaît ;
Nous sommes d'honnêtes personnes ;
Et quel tort vous avons-nous fait ?
Nous n'avons mangé que les bonnes.

FABULA IX

AVARUS ET EJUS FILIUS

Quidam olim factus bene sanæ mentis avarus,
   Pascere decrevit se meliore cibo.
Mercatum ergo petens, emit optima mala, statimque
   Hæc arcæ credit, bis numerata prius.
Cautius occludit duplici munimine portam;
   Bis venit ille die, bis numerare solet.
Sueverat ille bonis insanus parcere malis,
   Et quæ putrida erant illa comesse gemens.
Illius natus damnatus vivere parvo,
   Invenit tandem condita mala patris.
Jamque rapit clavem geminique sequuntur amici,
   Quos stomachi vehemens ardor hiantis agit.
Tunc mala, haud dubium, non pauca fuere vorata,
   Cum fera pernicies irruit illa triplex.
Improvisus adest pomis viduantibus arcam
   Ipse pater, tumidus questibus atque minis.
Vos, mea, conclamat, jam reddite poma, gulosi,
   Sin vos terribili morte perire manet.
Cui sapiens natus : Questu jam parce minisque,
   Haud, pater, immeritos insimulare decet ;
Nulla tibi a nobis facta est injuria, dixit ;
   Juvit enim e pomis una comesse bona.

FABLE X

L'HABIT D'ARLEQUIN

Vous connaissez ce quai, nommé de la Ferraille,
Où l'on vend des oiseaux, des hommes et des fleurs :
A mes fables souvent c'est là que je travaille ;
J'y vois des animaux, et j'observe leurs mœurs.
Un jour de mardi-gras, j'étais à la fenêtre
    D'un oiseleur, de mes amis,
    Quand sur le quai je vis paraître
Un petit arlequin leste, bien fait, bien mis,
Qui, la batte à la main, d'un grâce légère,
Courait après un masque en habit de bergère :
Le peuple applaudissait par des ris, par des cris.
    Tout près de moi dans une cage,
Trois oiseaux étrangers, de différent plumage,
    Perruche, cardinal, serin,
    Regardaient aussi l'arlequin.
La perruche disait : J'aime peu son visage ;
Mais son charmant habit n'eut jamais son égal ;
Il est d'un si beau vert. — Vert ! dit le cardinal,
    Vous n'y voyez donc pas, ma chère ?
    L'habit est rouge assurément,
    Voilà ce qui le rend charmant.
    — Oh ! pour celui-là, mon compère,
Répondit le serin, vous n'avez pas raison,
    Car l'habit est jaune citron,
Et c'est ce jaune-là qui fait tout son mérite.
— Il est vert. — Il est jaune. — Il est rouge, morbleu !
    Interrompt chacun avec feu ;
    Et déjà le trio s'irrite.

FABULA X

PANTOLABI VESTIS

Ipse mea in specula quondam de more sedebam,
   Ingenia in turba singula quæque notans.
Ecce autem varii resplendens veste coloris,
   Ludio transibat notus in urbe jocis.
Plaudebat plebes risu et clamore secundo,
   Dum ludos ageret comicus iste suos.
Dissimiles verum studio atque colore volucres
   Plus delectabat vermiculata chlamys.
Ludii eam faciem non certe amo, psittacus inquit;
   Hac sed erit vestis nulla decore prior.
Aspicis ut viridi præfulgeat illa smaragdo!
   Nulla vel in pratis pulchrius herba viret.
Tu viridem ne dic superante rubore nitentem,
   Ales ait, cujus flammea pluma rubet.
Ergo iterum, frater, spectato attentius; et jam
   Purpura, non autem veste smaragdus erit.
Tertia sed volucris, cui propria lutea pluma,
   Credite, ait; vestrum fallit utrumque color.
Non rubra, nec viridis, verum est ea lutea vestis;
   Atque ideo tanti fiet, ut ante fuit.
Vestis sic eadem viridis, rubra, flava vocatur;
   Illa vice alterna singula verba sonant.
Nec modo dictum ardet defendere quisque colorem,
   Verum indigna aliis jactitat ore probra.
Talia dum fervent, medius stat picus amice:
   Parcite, ait, vocis prælia inire feræ.
Haud dubium, est eadem viridis, rubra, lutea vestis;
   Jamque est in promptu dicere cur ita sit.

Amis, apaisez-vous, leur crie un bon pivert :
  L'habit est jaune, rouge et vert.
Cela vous surprend fort, voici tout le mystère :
Ainsi que bien des gens d'esprit et de savoir,
Mais qui d'un seul côté regardent une affaire,
  Chacun de vous ne peut y voir
  Que la couleur qui sait lui plaire.

FABLE XI

LE LAPIN ET LA SARCELLE

  Unis dès leurs jeunes ans
  D'une amitié fraternelle,
  Un lapin, une sarcelle,
  Vivaient heureux et contents.
Le terrier du lapin était sur la lisière
  D'un parc bordé d'une rivière.
  Soir et matin, nos bons amis,
  Profitant de ce voisinage,
Tantôt au bord de l'eau, tantôt sous le feuillage,
  L'un chez l'autre étaient réunis.
Là, prenant leur repas, se contant des nouvelles,
  Ils n'en trouvaient point de plus belles
Que de se répéter qu'ils s'aimeraient toujours.
Ce sujet revenait sans cesse en leurs discours.
Tout était en commun, plaisir, chagrin, souffrance :
Ce qui manquait à l'un, l'autre le regrettait :
Si l'un avait du mal, son ami le sentait ;
Si d'un bien, au contraire, il goûtait l'espérance,
  Tous deux en jouissaient d'avance.
Tel était leur destin, lorsqu'un jour, jour affreux !

Næ vidi multos solerti mente valentes,
  Qui res tantum una cernere parte volunt.
Unus apud minimum vobis color esse videtur,
  Qui proprius cuique est præcipueque placet.

FABULA XI

LEPUS ET FULICA

Blandum olim leporem, fulicam simul indole comem
  Junxerat a teneris dulcis amicitia.
In nemore ergo lepus sibi fecerat ipse cubile,
  Non procul a patria sede palustris avis.
Ambo nunc ad aquam, nunc subter fronde solebant
  Cœnæ et colloquii continuare vices.
Sese ita quotidie grato sermone juvantes,
  Convivabantur pabula uterque sua.
Sæpius interea vox illa sonabat utrinque :
  Hic noster concors usque manebit amor.
Ipsis cuncta igitur communia, ut inter amicos,
  Sive animo angores, gaudia sive forent.
Quodcunque in votis erat alteri, et alter avebat :
  Quando erat unus egens, altero egente simul.
Alterutri corpus minimum si forte doleret,
  Alter fraterno corde dolebat item.
Alterutri quoties animum spes blanda fovebat,
  Divite spe plenus protinus alter erat.
Hæc erat ambobus fortuna secunda; sed isdem
  Securis adeo venit acerba dies :

Le lapin, pour dîner, venant chez la sarcelle,
Ne la retrouve plus ; inquiet, il l'appelle ;
Personne ne répond à ses cris douloureux.
Le lapin, de frayeur l'âme toute saisie,
Va, vient, fait mille tours, cherche dans les roseaux,
    S'incline par-dessus les eaux,
Et voudrait s'y plonger pour trouver son amie.
Hélas ! s'écriait-il, m'entends-tu ? réponds-moi,
    Ne prolonge pas mon effroi :
Encor quelques moments, c'en est fait de ma vie;
J'aime mieux expirer que de trembler pour toi.
    Disant ces mots, il court, il pleure;
    Et, s'avançant le long de l'eau,
    Arrive enfin près du château,
    Où le seigneur du lieu demeure.
    Là notre désolé lapin
    Se trouve au milieu d'un parterre,
    Et voit une grande volière
Où mille oiseaux divers volaient sur un bassin.
    L'amitié donne du courage.
Notre ami, sans rien craindre, approche du grillage.
Regarde, et reconnaît... ô tendresse! ô bonheur!
La sarcelle. Aussitôt il pousse un cri de joie,
Et, sans perdre de temps à consoler sa sœur,
    De ses quatre pieds il s'emploie
    A creuser un secret chemin
Pour joindre son amie; et, par ce souterrain,
Le lapin tout à coup entre dans la volière,
Comme un mineur qui prend une place de guerre.
Les oiseaux effrayés se pressent en fuyant.
Lui court à la sarcelle ; il l'entraîne à l'instant
Dans son obscur sentier, la conduit sous la terre,
Et, la rendant au jour, il est prêt à mourir
    De plaisir.

Jam lepus ad solitam cœnæ properaverat horam,
    Cum socia exoptans participare dapes.
At conviva fulix aberat, quam flebile amantis
    Solliciti merito vox iterata ciet.
Nequaquam illa potest absens audire vocantem,
    Cui cor et ima simul concutit ossa tremor.
Ergo lepus varios cursus agit atque recursus
    Hac illac, animum præcipitante metu.
Rimatur juncos, explorat cernuus undas,
    Si qua forte oculis se det amica fulix.
O soror, aiebat, me nunc audi : en ego frater
    Nunc adsum ipse tuus, supplice voce precans :
Dic, age, dic ubi sis! Ne, quæso, diutius angas
    Fratrem, cui sine te vita placere nequit.
Desine velle, soror, sic me cruciare silendo;
    Da vocem nisi me vis inimica mori.
Sic ait, et mœrens regione vagatur,
    Et prius emensum carpit anhelus iter.
Mox oram stagni relegens, sedem invenit amplam,
    Quam, late dominans, incola dives habet.
Ilic cavea apparet tenui contexta metallo,
    Tristis carcer, ubi multa tenetur avis.
Debuit haud dubio lepus isto horrescere visu;
    At fortes potis est reddere fortis amor.
Jamque adit intrepidus noster caveam, atque tuendo,
    Quæsitam fulicem conspicit ecce suam.
Post luctum et fletus tum gaudia quanta fuere!
    Gaudia sed nondum carpere tempus erat.
Id sentit lepus, et cito tempestiva procurans,
    Recta ad avem propero suffodit ungue viam.
Fossor ut intravit caveam, tellure subacta,
    Densantur pavidæ, ceu foret hostis, aves.
At lepus ad fulicem festinat amicus amicam,
    Quam secum rapiens aufugit absque mora.

11.

Quel moment pour tous deux! Que ne puis-je le peindre
    Comme je saurais le sentir!
Nos bons amis croyaient n'avoir plus rien à craindre :
Ils n'étaient pas au bout. Le maître du jardin,
En voyant le dégât commis dans sa volière,
Jure d'exterminer jusqu'au dernier lapin.
Mes fusils, mes furets! criait-il en colère.
    Aussitôt fusils et furets
      Sont tout prêts.
Les gardes et les chiens vont dans les jeunes tailles,
    Fouillant les terriers, les broussailles ;
Tout lapin qui paraît trouve un affreux trépas.
Les rivages du Styx sont bordés de leurs mânes.
    Dans le funeste jour de Cannes
    On mit moins de Romains à bas.
La nuit vient. Tant de sang n'a point éteint la rage
Du seigneur, qui remet au lendemain matin
    La fin de l'horrible carnage.
    Pendant ce temps, notre lapin,
Tapi sous des roseaux, auprès de la sarcelle,
    Attendait en tremblant la mort,
Mais conjurait sa sœur de fuir à l'autre bord,
    Pour ne pas mourir devant elle.
— Je ne te quitte point, lui répondit l'oiseau ;
Nous séparer serait la mort la plus cruelle.
    Ah! si tu pouvais passer l'eau !
Pourquoi pas? Attends-moi... La sarcelle le quitte,
    Et revient traînant un vieux nid,
Laissé par des canards. Elle l'emplit bien vite
De feuilles de roseau; les presse, les unit
Des pieds, du bec, en forme un batelet capable
    De supporter un lourd fardeau ;
    Puis elle attache à ce vaisseau
Un brin de jonc qui servira de câble,

Lætitiæ exanimant pene illum, quando sororem
  Egressam e clathris incolumemque videt.
Et vero, sentire quidem, sed dicere non est
  Quantum gestierint tunc lepus atque fulix.
Spes fuit ambobus feliciter inde futurum;
  Ast ea non fovit credula corda diu.
Quippe loci dominus, caveam de mane revisens,
  Cum fulicæ effugio singula damna notat.
Hanc dolet absentem, quam certus conjicit augur
  Effugisse ducis præfodientis ope.
Tum graviter frendens clamat : Mulctabo nocentes :
  Vos famuli, jam nunc arma date, atque canes.
Jamque canes adsunt, venaticaque arma parantur,
  Jussa omni propere perficiente domo.
Acres ergo viri, catuli quoque nare sagaces
  Venantur per agros, per juga, perque nemus.
Plurima jam leporum sternuntur corpora passim,
  Plurima et ad Stygios convenit umbra lacus.
Non tot Romulidas demessuit Annibal ense,
  Cannarum infamans fœda cruore sata.
Cessat atrox dominus sera jam nocte, daturus
  Cras alias strages cum redeunte die.
At lepus interea subter dumeta latebat,
  Post cæsos fratres et necis ipse timens.
Heu! soror, aiebat, fuge jam ne forte cruento
  Letho cogaris tristis adesse meo.
At generosa fulix : Mene istinc, inquit, abire !
  Heu! foret hoc satius terque quaterque mori !
O utinam stagnum posses tranare ! Sed istud
  Jam fiet... Novi quo sit habenda salus.
It fulica, et profert rediens subtemina nidi,
  Quem sibi texuerat gens anatina prius.
Congestis nidum foliis et arundine sternens,
  Aptâ justam oneri conficit arte scapham.

Cela fait, et le bâtiment
Mis à l'eau, le lapin entre tout doucement
Dans le léger esquif, s'assied sur son derrière,
Tandis que devant lui la sarcelle nageant
Tire le brin de jonc, et s'en va dirigeant
    Cette nef, à son cœur si chère.
On aborde, on débarque, et jugez du plaisir !
    Non loin du port on va choisir
Un asile où, coulant des jours dignes d'envie,
    Nos bons amis, libres, heureux,
    Aimèrent d'autant plus la vie
    Qu'ils se la devaient tous les deux.

FABLE XII

LE MILAN ET LE PIGEON

Un milan plumait un pigeon,
    Et lui disait : Méchante bête,
  Je te connais, je sais l'aversion
Qu'ont pour moi tes pareils. Te voilà ma conquête !
Il est des dieux vengeurs. — Hélas ! je le voudrais,
Répondit le pigeon. — O comble des forfaits !
S'écria le milan. Quoi ! ton audace impie
    Ose douter qu'il soit des dieux ?
J'allais te pardonner, mais pour ce doute affreux,
    Scélérat, je te sacrifie.

Nectit deinde scaphæ juncum pro fune palustrem,
  Et leporem ingressum clune sedere jubet.
Navigium ascendit caute, præeunte magistra,
  Considitque lepus, jussus ut ante fuit.
Cymbam ducit avis volitansque natansque vehentem
  Vitæ delicias dimidiumque suæ.
Dulce onus appellit tutæ feliciter oræ
  Læta fulix, tandem nulla pericla pavens.
Hinc ambo optatum socii ingrediuntur asylum :
  Hic ducunt placidos et sine nube dies.
Pluris et ambo simul faciebant vivere, eo quod
  Alterno fuerat munere utrique datum.

FABULA XII

MILVIUS ET COLUMBUS

Olim dum laniat prensum per inane columbum
  Milvius, et rostro sævus et ungue simul :
Improbe, dicebat, jamdudum tu mihi notus ;
  Notum est atque genus quale sit omne tuum.
In me vos omnes odia exercetis acerba ;
  At pœnas solves debita præda mihi,
Dii sunt ultores, nullumque est crimen inultum.
  — Eheu ! quam tales imprecor esse deos !
Hæc imbellis ait ; cui contra prædo furenter :
  — O maledictum atrox ! horriferumque scelus !
Impie ! Sic audes dubio tu offendere divos !
  Quam tibi, nec merito, parcere pene fuit !!
Indignum at venia tua te blasphemia fecit ;
  Idcirco pœnas jam, scelerate, dabis.

FABLE XIII

LA FAUVETTE ET LE ROSSIGNOL

Une fauvette, dont la voix
Enchantait les échos par sa douceur extrême,
Espéra surpasser le rossignol lui-même,
Et lui fit un défi. L'on choisit dans le bois
Un lieu propre au combat. Les juges se placèrent :
  C'étaient le linot, le serin,
  Le rouge-gorge et le tarin.
Tous les autres oiseaux derrière eux se perchèrent.
Deux vieux chardonnerets et deux jeunes pinsons
Furent gardes du camp. Le merle était trompette ;
Il donne le signal. Aussitôt la fauvette
  Fait entendre les plus doux sons ;
  Avec adresse elle varie
De ses accents filés la touchante harmonie,
Et ravit tous les cœurs par ses tendres chansons.
L'assemblée applaudit. Bientôt on fait silence ;
  Alors le rossignol commence.
  Trois accords purs, égaux, brillants,
Que termine une juste et parfaite cadence,
  Sont le prélude de ses chants.
  Ensuite son gosier flexible,
Parcourant sans effort tous les tons de sa voix,
Tantôt vif et pressé, tantôt lent et sensible,
  Étonne et ravit à la fois.
Les juges cependant demeuraient en balance.
Le linot, le serin, de la fauvette amis,
  Ne voulaient point donner le prix ;

FABULA XIII

CURRUCA ET LUSCINIA

In nemore umbroso curruca suave canente,
　Echo suave melos fida canebat idem.
Facta dehinc temere curruca superbior, ipsam
　Lusciniam cantu vincere posse putat.
Æmula quapropter statuit certamen inire,
　Arbitris coram, suavius utra canat.
Luscinia haud renuit, jam respondere parata,
　Conscia nempe artis; seligiturque locus.
Arbitri adveniunt frigilla et passer et anthus,
　Atque avium circa plurima turba sedent.
Jam canitur signum, merula duo sibila dante :
　Et curruca statim fundit ab ore sonos.
Argutæ resonant modulamina blandula vocis,
　Atque avidis omnes auribus illa bibunt.
Continuo meritus cœtu fit plausus ab omni,
　Atque brevi rursum tota corona silet.
Præcinit actutum modulis Philomela canoris,
　In numerum tollens, in numerumque premens.
Dein, varians vocis miracula mille, pererrat
　Ceu gratæ septem consona fila lyræ ;
Sic ea voce sonans tenuique gravique vicissim,
　Exhilaratque animos attonitosque facit.
Judicium arbitri in dubio decernere mussant,
　Inde illos credas arte fuisse rudes.
Injusti sed erant linaria, passer, acanthis;
　Juxta quos bravium neutra referre meret.
Dumque aliis alia est sententia, dumque patroni

Les autres disputaient. L'assemblée, en silence,
Écoutait leurs doctes avis,
Lorsqu'un geai s'écria : Victoire à la fauvette !
Ce mot décida sa défaite ;
Pour le rossignol aussitôt
L'aréopage ailé tout d'une voix s'explique.
Ainsi le suffrage d'un sot
Fait plus de mal que sa critique.

FABLE XIV

LE PHILOSOPHE ET LE CHAT-HUANT

Persécuté, proscrit, chassé de son asile,
Pour avoir appelé les choses par leur nom,
Un pauvre philosophe errait de ville en ville,
Emportant avec lui tous ses biens, sa raison.
Un jour qu'il méditait sur le fruit de ses veilles,
C'était dans un grand bois, il vit un chat-huant,
Entouré de geais, de corneilles,
Qui le harcelaient en criant :
C'est un coquin, c'est un impie,
Un ennemi de la patrie.
Il faut le plumer vif : oui, oui, plumons, plumons ;
Ensuite nous le jugerons.
Et tous fondaient sur lui ; la malheureuse bête,
Tournant et retournant sa bonne et grosse tête,
Leur disait, mais en vain, d'excellentes raisons.
Touché de son malheur, car la philosophie
Nous rend plus doux et plus humains,
Notre sage fait fuir la cohorte ennemie,
Puis dit au chat-huant : Pourquoi ces assassins

Argumenta ferunt, conciliumque silet,
Graculus exclamat : Vicit curruca! Repente
　　Judicis hæc stolidi munere victa cadit.
Una voce etenim tunc cœtus comprobat omnis,
　　Lusciniam bravii promeruisse decus.
Insipiens adeo si det suffragia, pejus
　　Sæpe nocet quam si vel reprobare velit.

FABULA XIV

PHILOSOPHUS ET NOCTUA

Vir sophiæ addictus, fucandi nescius artis,
　　Libere et ingenue dicere suetus erat.
Hinc ille invidiæ facibus flagrare, breviqué
　　Duriter urbe fuit jussus abire sua.
Huc illuc igitur deerrabat pauper et exul,
　　Gaza omni cassus, non ratione tamen.
Olim, dum reputat secum virtutis amantem
　　Quod decet, huic bubo visus adesse prope.
Hunc variæ volucres circumstant agmine denso,
　　Quarum continuo vox inimica strepit :
Ille hostis nequam est, ille impius, ille per omne,
　　Dum perdat patriam, fasque nefasque ruet.
Vellamus plumas omnes, vellamus ad unam
　　Vivo illi ; et nobis prodeat inde reus.
Et simul invadunt hostiliter ; ille stupescens
　　Has furias, placidum jactat utroque caput.
Injuste aggressis sapientia verba remittit ;
　　Verba sed, ut bona sint, irrita cuncta volant.
Vir sophus est hujus sortem miseratus iniquam ;

En voulaient-ils à votre vie ?
Que leur avez-vous fait ? L'oiseau lui répondit :
Rien du tout. Mon seul crime est d'y voir clair la nuit.

FABLE XV

LE PROCÈS DES DEUX RENARDS

Que je hais cet art de pédant,
　　Cette logique captieuse,
Qui d'une chose claire en fait une douteuse ;
D'un principe erroné tire subtilement
　　Une conséquence trompeuse,
　　Et raisonne en déraisonnant !
Les Grecs ont inventé cette belle manière ;
Ils ont fait plus de mal qu'ils ne croyaient en faire.
Que Dieu leur donne paix ! Il s'agit d'un renard,
Grand argumentateur, célèbre babillard,
　　Et qui montrait la rhétorique.
　　Il tenait école publique,
Avait des écoliers qui payaient en poulets.
Un d'eux, qu'on destinait à plaider au palais,
Devait payer son maître à la première cause
　　Qu'il gagnerait ; ainsi la chose
Avait été réglée et d'une et d'autre part.
Son cours étant fini, mon écolier renard
　　Intente un procès à son maître,
Disant qu'il ne doit rien. Devant le léopard
　　Tous les deux s'en vont comparaître.
　　— Monseigneur, disait l'écolier,

Namque sophi in miseros corde dolere solent.
Fert vir opem volucri, pulsaque cohorte proterva,
 Isti te quid, ait, sic petiere truces?
Nescio, bubo refert; læsi illos non ego quidquam;
 Lucidius sed iis cernere nocte queo.

FABULA XV

DUO VULPES LITIGANTES

Quam detestor ego vafra cuncta sophismata, et artem
 Quæ res præclaras nube operire docet;
Quæ, mentem instituens dono rationis abuti,
 In logicen logices ipsius arma parat.
Damnosam hanc artem Græci induxere priores,
 Et nocuisse magis quam voluisse reor.
Queis jam præteritis, subeat modo callida vulpes,
 Argumenta dolo ferre latente sagax.
Rhetorices pretium versuta magistra solebat
 Discipulas aliquot poscere chortis aves.
Ex his discebat causas orare forenses
 Una studens multum, proficiensque magis.
Solvere debebat pretium non ante docenti
 Quam causam victrix obtinuisset agens.
Taliter, ut celebrant scholici, convenerat olim
 Doctricemque inter discipulamque suam.
Exactis studiis, in jus vocat ipsa magistram
 Discipula, ut pote quæ solvere velle neget.
Utraque pars igitur consistit, judice pardo;
 Continuo orditur discipula hocce modo.
Vicero si forsan, princeps altissime, causam,
 Jam tum debeo ego, res patet ipsa, nihil.

Si je gagne, c'est clair, je ne dois rien payer.
Si je perds nulle est sa créance ;
Car il convient que l'échéance
N'en devait arriver qu'après
Le gain de mon premier procès :
Or ce procès perdu, je suis quitte, je pense.
Mon dilemme est certain. — Nenni,
Répondait aussitôt le maître ;
Si vous perdez, payez ; la loi l'ordonne ainsi.
Si vous gagnez, sans plus remettre,
Payez ; car vous avez signé
Promesse de payer au premier plaid gagné.
Vous y voilà. Je crois l'argument sans réponse.
Chacun attend alors que le juge prononce,
Et l'auditoire s'étonnait
Qu'il n'y jetât pas son bonnet.
Le léopard, rêveur, prit enfin la parole :
Hors de cour, leur dit-il. Défense à l'écolier
De continuer son métier,
Au maître de tenir école.

FABLE XVI

LE MIROIR DE LA VÉRITÉ

Dans le beau siècle d'or, quand les premiers humains,
Au milieu d'un paix profonde,
Coulaient des jours purs et sereins,
La Vérité courait le monde,
Avec son miroir dans les mains.
Chacun s'y regardait, et le miroir sincère
Retraçait à chacun son plus secret désir,

Sin evicta cadam causa, simul omne peribit
  Creditum, eo quod sit non mihi dicta dies.
Ante mihi sedenim solvenda pecunia nulla est
  Quam vincam litem judicis ore meam.
Porro perdita lis fuerit si, protinus ipsa
  Sum, lege ex nostra, libera facta, liquet.
Nonne ita tu censes? Nullatenus, altera dixit :
  Solvere lex victos imperiosa jubet.
Victa igitur solves; debes et solvere victrix;
  Lis vice nam prima victa erit illa tibi.
Inter nos ita lex, cui contradicere non quis :
  Jam summum arbitrium tota inhiare cohors.
Tantum quis poterit nodum dissolvere? mussant,
  Alterna alterutri jure valente vice.
Paulo post sapiens hac voce silentia rumpit
  Pardus; non ea lis est dirimenda mihi.
Discipulam at veto ne posthac exerceat artem,
  Rursus ne teneat deinde magistra scholam.

FABULA XVI

SPECULUM VERITATIS

Aurea cum fluerent secla, et gens aurea primum
  Securos ageret, pace manente, dies;
Mundum obiens, manibus speculum officiosa tenebat
  Cana fides, veri semper amica comes.
Sensus in speculo veraci quisque notabat;
  Inde nec ulli inerat conscius ore pudor.
Hæc vero e terris velocia secla migrarunt;

Sans jamais le faire rougir.
Temps heureux, qui ne dura guère!
L'homme devint bientôt méchant et criminel.
La Vérité s'enfuit au ciel,
En jetant de dépit son miroir sur la terre.
Le pauvre miroir se cassa.
Ses débris, qu'au hasard la chute dispersa,
Furent perdus pour le vulgaire.
Plusieurs siècles après, on en connut le prix ;
Et c'est depuis ce temps que l'on voit plus d'un sage
Chercher avec soin ces débris,
Les retrouver parfois ; mais ils sont si petits,
Que personne n'en fait usage.
Hélas! le sage, le premier,
Ne s'y voit jamais tout entier.

FABLE XVII

LES DEUX PAYSANS ET LE NUAGE

Guillot, disait un jour Lucas,
D'une voix triste et lamentable,
Ne vois-tu pas venir là-bas
Ce gros nuage noir? C'est la marque effroyable
Du plus grand des malheurs. — Pourquoi? répond [Guillot.
— Pourquoi? Regarde donc; ou je ne suis qu'un sot,
Ou ce nuage est de la grêle,
Qui va tout abîmer, vigne, avoine, froment :
Toute la récolte nouvelle
Sera détruite en un moment.
Il ne restera rien, le village en ruine
Dans trois mois aura la famine,

Factus homo propere est improbus atque nocens.
Virgo pia in cœlum fugit, speculumque fidele
　Comminuit, plures scilicet osa malos.
Confracto speculo, ceciderunt fragmina passim,
　Et vulgo utilitas nulla subinde fuit.
Multos post annos, pretiosum cœpit habere
　Quod speculum vulgus spreverat ante procax.
Est qui sparsa sophus posthac fragmenta requirat,
　Nec frustra, modo sit sedulus atque vigil.
Fragmenta at fidi remanent ea tantula vitri,
　Nullus ut hinc lucrum possit habere sibi.
Eheu ! tantus amor nostri est, ut vel sophus ipse
　Non totum in speculo semet obire velit.

FABULA XVII

DUO RUSTICI ET NUBES

Hæc exorta recens nubes in montibus altis,
　Cernis ut adventet desuper atra, minax !
Sic Lycidæ aiebat gemebundus et anxius Œgon !
　Heu ! quantum nobis auguror inde malum !
— Unde tibi iste timor? Lycidas ait. — Unde? sed idem
　Iste timor debet, si sapis, esse tuus,
Respondere Œgon; signum est mihi quippe notatum,
　Quod te, si cures, ipse docebo sagax.
Porro vel cœli prædiscere nescio morem,
　Et præter solitum somnio mentis inops;
Vel gravis illa truci rumpetur grandine nubes;
　Væ poma et vites, plenaque fruge sata !

Puis la peste viendra, puis nous périrons tous.
— La peste ! dit Guillot : doucement, calmez-vous,
    Je ne vois point cela, compère,
Et, s'il faut vous parler selon mon sentiment,
    C'est que je vois tout le contraire ;
    Car ce nuage assurément
Ne porte point de grêle, il porte de la pluie.
    La terre est sèche dès longtemps,
    Il va bien arroser nos champs ;
Toute notre récolte en doit être embellie :
    Nous aurons le double de foin,
Moitié plus de froment, de raisins abondance ;
    Nous serons tous dans l'opulence,
Et rien, hors des tonneaux, ne nous fera besoin.
— C'est bien voir que cela, dit Lucas en colère.
— Mais chacun a ses yeux, lui répondit Guillot.
— Oh ! puisqu'il est ainsi, je ne dirai plus mot;
    Attendons la fin de l'affaire :
Rira bien qui rira le dernier. — Dieu merci,
    Ce n'est pas moi qui pleure ici.
Ils s'échauffaient tous deux; déjà, dans leur furie,
Ils allaient se gourmer, lorsqu'un souffle de vent
Emporta loin de là le nuage effrayant :
    Ils n'eurent ni grêle ni pluie.

Munera agri duro sub verbere cuncta terentur;
　Nosque manet certe præmetuenda fames.
Ingruet et pestis, miserique peribimus omnes.
　Jam tace, ait Lycidas, aut cane, quæso, bona.
Grandinis augurium renuo, pestisque famisque,
　Quæ mala nequicquam vaticinatus eris.
Audire et si vis mea nunc sententia quæ sit,
　Jam fateor, prorsus discrepat illa tua.
Grando non e nube pluet, fecundus at imber;
　Terra bibet, quæ nunc aret hiulca siti.
Potus ager lætum indutus ridebit amictum,
　Et gremio largas ubere fundet opes.
Ergo proveniet jam fœni copia dupla,
　Jam vini et segetum copia dupla super.
Cuncta redundabunt cunctis, atque horrea, si quid
　Defit, erunt nobis pauca, nec ampla satis.
Ast Œgon stomachans : Næ belle hæc omnia cernis;
　Singula fausta canis, singula fausta mane.
Tum Lycidas : Propriis oculis est cernere quemque.
　Cum sit ita, alter ait, non ego plura loquor.
Compositis animis, finem speremus uterque;
　Tum tempestivus, crede, cachinnus erit.
Hactenus at lacrymis ego parco, rettulit alter,
　Nec, cum finis erit, tristior esse volo.
Jam, fervente ira, pugnis certare parabant
　Nostri; sed violens turbo repente ruit.
Turbinis impulsu nubes minitata fugatur,
　Et simul imbre bono grando maligna fugit.

FABLE XVIII

LA GUENON, LE SINGE ET LA NOIX

Une jeune guenon cueillit
Une noix dans sa coque verte ;
Elle y porte la dent, fait la grimace... Ah ! certe,
Dit-elle, ma mère mentit
Quand elle m'assura que les noix étaient bonnes.
Puis, croyez aux discours de ces vieilles personnes,
Qui trompent la jeunesse ! Au diable soit le fruit !
Elle jette la noix. Un singe la ramasse,
Vite entre deux cailloux la casse,
L'épluche, la mange et lui dit :
— Votre mère eut raison, ma mie ;
Les noix ont fort bon goût ; mais il faut les ouvrir.
Souvenez-vous que, dans la vie,
Sans un peu de travail on n'a point de plaisir.

FABULA XVIII

SIMIA, SIMIUS ET NUX

Quædam forte nucem viridantem cortice crudo
  Colligit, atque avido simia dente petit.
Corticis admorsi tentantem torquet amaror,
  Inde inhiat turpe os horridulumque riget.
Heus! mea mater, ait, non est mihi vera profata,
  Affirmans gustu dulce quid esse nuces.
Illa igitur vetulæ vereare, juventa, parentis
  Dicta, quibus caperis credula, et apta capi.
Jam male dispereat mala nux! Simul abjicit ab se
  Continuo, et legit hanc simius ipse sibi.
Quam cito concisam sapiens enucleat, atque
  Vescitur, atque rudem submonet hocce modo.
Gratam esu dixit merito tibi provida mater
  Esse nucem, sed ea est enucleanda prius.
Cara soror, donec vives, hoc usque memento :
  Nullo delicio est absque labore frui.

LIVRE CINQUIÈME

FABLE I

LE BERGER ET LE ROSSIGNOL

O toi, dont la touchante et sublime harmonie
Charme toujours l'oreille en attachant le cœur,
    Digne rival, souvent vainqueur,
    Du chantre fameux d'Ausonie,
Delille, ne crains rien; sur mes légers pipeaux
Je ne viens point ici célébrer tes travaux,
Ni dans de faibles vers parler de poésie.
    Je sais que l'immortalité,
Qui t'est déjà promise au temple de Mémoire,
    T'est moins chère que ta gaieté;
Je sais que, méritant les succès sans y croire,
Content par caractère et non par vanité,
    Tu te fais pardonner ta gloire
    A force d'amabilité :
C'est ton secret, aussi je finis ce prologue.
    Mais du moins lis mon apologue;
Et si quelque envieux, quelque esprit de travers,
    Outrageant un jour tes beaux vers,
Te donne assez d'humeur pour t'empêcher d'écrire,
Je te demande alors de vouloir le relire.
Dans une belle nuit du charmant mois de mai,

LIBER QUINTUS

FABULA I

PASTOR ET LUSCINIA

Dulcibus o modulis aures et corda remulcens,
  Alite ab Hesperio doctus inire melos;
Non mihi tu tenui celebrabere carmine magnus ;
  Dignos carminibus carmina digna decent.
Non tam victurum per secula nobile nomen
  Quam juvat ingenii te tuus iste lepor.
Imo præter spem merita jam laude ferendus,
  Tu gaudere soles absque supercilio.
Quare, cantor amice, licet sit gloria multa
  Parta tibi, livor, pestis acerba, tacet.
Hæc tibi laus propria est; jam parco dicere plura;
  Fabula sed sequitur parva legenda tibi.
Invidus at si quis, vel iniqua mente malignus
  Impetet opprobriis quos meditare modos;
Carmina pertæsus si tunc salvere jubebis,
  Fabellam hanc iterum tunc lege, amice, meam.
Tempora veris erant decorantia gramine campos;
  Scanderat upilio collis amœna juga.
Hinc speculabatur radiantem lumine lunam,
  Palantesque polo, nocte silente, faces.
Mirabatur item fragrantia flore roseta,

Un berger contemplait, du haut d'une colline,
La lune promenant sa lumière argentine,
Au milieu d'un ciel pur d'étoiles parsemé ;
Le tilleul odorant, le lilas, l'aubépine,
Au gré du doux zéphyr balançant leurs rameaux,
  Et les ruisseaux dans les prairies
  Brisant sur des rives fleuries
  Le cristal de leurs claires eaux.
  Un rossignol, dans le bocage,
Mêlait ses doux accents à ce calme enchanteur ;
L'écho les répétait, et notre heureux pasteur,
Transporté de plaisir, écoutait son ramage.
Mais tout à coup l'oiseau finit ses tendres sons.
  En vain le berger le supplie
  De continuer ses chansons.
Non, dit le rossignol, c'en est fait pour la vie ;
Je ne troublerai plus ces paisibles forêts.
  N'entends-tu pas dans ce marais
  Mille grenouilles coassantes,
Qui, par des cris affreux, insultent à mes chants ?
Je cède et reconnais que mes faibles accents
Ne peuvent l'emporter sur leurs voix glapissantes.
— Ami, dit le berger, tu vas combler leurs vœux ;
Te taire est le moyen qu'on les écoute mieux ;
Je ne les entends plus aussitôt que tu chantes.

FABLE II

LES DEUX LIONS

Sur les bords africains, aux lieux inhabités,
Où le char du Soleil roule, en brûlant la terre,

Ramos dum virides ventilat aura tepens :
Lene susurrantes per prata nitentia rivos,
　Gyro multiplici dum sinuantur aquæ;
Dum nemus umbrosum mulcet Philomela canore
　Melleo, et interea concinit omne nemus.
Cantus excipiens pastor bibula aure stupebat,
　Cum subito dulces conticuere modi.
Grata qui fuerat vocis dulcedine captus,
　Lusciniam orabat continuare melos.
Illa autem : Jam non vocem me promere poscas,
　Cantu non ullo jam resonabo nemus.
Nonne coaxantes audis has voce molesta
　Stagnicolas modulis obstrepitare meis.
Me victam fateor; tenui nam gutture voces
　Raucarum istarum qui superare queam?
Huic autem pastor : Tu, dixit, musica, perge,
　Ne doleam istarum jam graviore sono.
Vix etenim dulces das cantus, audio jam non
　Quæ multa in fœda rana coaxat aqua.

FABULA II

DUO LEONES

Vastis in campis, quos non serit ullus arator,
　Germen ubi nimiis solibus omne perit;

Deux énormes lions, de la soif tourmentés,
Arrivèrent au pied d'un rocher solitaire.
Un filet d'eau coulait, faible et dernier effort
 De quelque naïade expirante.
 Les deux lions courent d'abord
 Au bruit de cette eau murmurante ;
Ils pouvaient boire ensemble, et la fraternité,
Le besoin leur donnaient ce conseil salutaire :
 Mais l'orgueil disait le contraire,
 Et l'orgueil fut seul écouté.
Chacun veut boire seul ; d'un œil plein de colère,
 L'un l'autre ils vont se mesurant,
Hérissent de leur cou l'ondoyante crinière ;
De leur terrible queue ils se battent les flancs,
Et s'attaquent avec de tels rugissements,
Qu'à ce bruit, dans le fond de leur sombre tanière,
Les tigres d'alentour vont se cacher tremblants.
 Égaux en vigueur, en courage,
Ce combat fut plus long qu'aucun de ces combats
Qui d'Achille et d'Hector signalèrent la rage ;
 Car les dieux ne s'en mêlaient pas.
Après une heure ou deux d'efforts et de morsures,
Nos héros, fatigués, déchirés, haletants,
 S'arrêtèrent en même temps.
 Couverts de sang et de blessures,
 N'en pouvant plus, morts à demi,
Se traînant sur le sable, à la source ils vont boire ;
Mais, pendant le combat, la source avait tari.
Ils expirent auprès... Vous lisez votre histoire,
Malheureux insensés, dont les divisions,
 L'orgueil, les fureurs, la folie,
Consument en douleurs les moments de la vie.
 Hommes, vous êtes les lions ;
 Vos jours, c'est l'eau qui s'est tarie.

Desertam ad cautem duo convenere leones,
  Queis siccum urebat guttur anhela sitis.
Illac, sic fuerat pretioso munere nymphæ
  Curatum, tenuis rivulus ibat aquæ.
Confestim fluidi percepto murmure fontis,
  Potu explere sitim currit uterque leo.
Ambo sitim poterant una relevare bibendo,
  Hoc ratio, hoc generis præcipiebat amor;
Ast ipsis aliud damnosa superbia suasit,
  Instinctusque mali prævaluere bonis.
Jus potandi etenim sibi soli vindicat unus;
  Alter item; atque oculis ambo referre minas.
Necnon colla toris animosa comantibus horrent,
  Ilia dum crebro verbere cauda ferit.
Jamque ita rudentes ineunt certamen, ut ipsæ
  Præ terrore petant abdita lustra tigres.
Non plus Æacides hostem furere Hectora contra,
  Quam leo in adversum visus uterque fuit.
Certavere diu, rubefacta sanguine terra,
  Acriter obnixi, denteque et ungue pares.
Viribus exhaustis tandem, totumque cruenti
  Corpus, anhelantes procubuere simul.
Dein per humum satagunt reptando attingere rivum;
  Sed, dum pugna fuit, fugerat omnis aqua.
Mox ambo exsangues sicco moriuntur in alveo.
  Fabella ad nostrum pertinet illa genus.
Ardemus quoties ira, ambitione, furore,
  Jam meriti patimur quæ mala cunque premunt.
Illud ad exemplar dico nos esse leones,
  Et nostros, undam quæ fluit, esse dies.

FABLE III

LA COLOMBE ET SON NOURRISSON

Une pauvre colombe était au désespoir
   De se voir,
Malgré tout son désir, sans le titre de mère.
Un jour, se promenant dans un bois solitaire,
  Elle rencontre en un vieux nid
Un œuf abandonné, point trop gros, point petit,
  Semblable aux œufs de tourterelle.
  Ah ! quel bonheur ! s'écria-t-elle :
  Je pourrai donc enfin couver,
  Et puis nourrir, puis élever
Un enfant, qui sera le charme de ma vie !
  Tous les soins qu'il me coûtera,
  Les tourments qu'il me causera,
Seront encor des biens pour mon âme ravie.
  Quel plaisir vaut ces soucis-là ?
Cela dit, dans le nid la colombe établie
Se met à couver l'œuf, et le couve si bien
  Qu'elle ne le quitte pour rien,
Pas même pour manger : l'amour nourrit les mères.
Après vingt et un jours, elle voit naître enfin
Celui dont elle attend son bonheur, son destin,
  Et ses délices les plus chères.
  De joie elle est près de mourir ;
Auprès de son petit nuit et jour elle veille,
L'écoute respirer, le regarde dormir,
  S'épuise pour le mieux nourrir.
  L'enfant chéri vient à merveille,

FABULA III

COLUMBA ET EJUS ALUMNUS

Sola olim secum queribunda columba gemebat,
    Quod mater fieri non potuisset adhuc.
Ecce autem volitans per frondea tecta, relictum
    Ovum intra nidum forte sua esse notat.
Non id erat parva nimium grandive figura,
    Tale autem turtur femina quale parit.
O mihi nunc favit quantum fortuna secunda!
    Dixit... Jam nunc est ova fovere datum...
Jamque fovere igitur potero, atque educere fotum,
    Unde mihi venient deliciæ atque decus.
At labor est si quis, vel si qua est cura subinde,
    Fiet utrumque mihi dulce refrigerium.
Illam quæ potis est curam æquiparare voluptas?
    Sic ea; et in nido protinus alma cubat.
Ovum deinde fovens id muneris implet, ut ipsam
    Non cura incubitu separet ulla pio.
Quin oblita cibos se nutrit amore fovendi;
    Nam matres hic amor sæpius unus alit.
Post bis quinque dies ovo tener exit hiulco
    Pullus, quem dudum fervida vota petunt.
Tunc exultat ovans nutricula, nam sibi sperat
    Gaudia per natum jam cumulata fore.
Lætitia ergo fremens pullo vigil assidet, atque
    Blandis hunc oculis irrequieta vorat.
Se solet ipsa cibo fraudare, ut carus alumnus
    Re careat nulla, proficiatque magis.
Sat propere ille gradus ætatis scandit adultæ,

Son corps grossit en peu de temps ;
Mais son bec, ses yeux et ses ailes
Diffèrent fort des tourterelles ;
La mère les voit ressemblants.
A bien élever sa jeunesse
Elle met tous ses soins, lui prêche la sagesse,
Et surtout l'amitié ; lui dit à chaque instant :
Pour être heureux, mon cher enfant,
Il ne faut que deux points : la paix avec soi-même,
Puis quelques bons amis, dignes de nous chérir.
La vertu de la paix nous fait seule jouir ;
Et le secret pour qu'on nous aime,
C'est d'aimer les premiers, facile et doux plaisir.
Ainsi parlait la tourterelle,
Quand, au milieu de sa leçon,
Un malheureux petit pinson,
Échappé de son nid, vient s'abattre auprès d'elle.
Le jeune nourrisson à peine l'aperçoit
Qu'il court à lui. Sa mère croit
Que c'est pour le traiter comme ami, comme frère,
Et pour offrir au voyageur
Une retraite hospitalière.
Elle applaudit ; mais quelle est sa douleur
Lorsqu'elle voit son fils, ce fils dont la jeunesse
N'entendit que leçons de vertu, de sagesse,
Saisir le faible oiseau, le plumer, le manger,
Et garder, au milieu de l'horrible carnage,
Ce tranquille sang-froid, assuré témoignage
Que le cœur désormais ne peut se corriger !
Elle en mourut, la pauvre mère.
Quel triste prix des soins donnés à cet enfant !
Mais c'était le fils d'un milan ;
Rien ne change le caractère.

Tanto adolescentem curat amore parens.
Rostro, penna, oculis jam discrepat ille columbis;
　Absimilem sedenim non videt illa suis.
Sedula præceptis sapientibus imbuit ipsum,
　Seduliorque docet quid sit amicitia...
Mi nate, ut vivas felix, ea dicit in horas,
　Duplex conditio est accipienda tibi.
Pacem tecum habeas, tibi quæras insuper unum,
　Cui stet in adversis cum pietate fides.
Pace frui si vis, virtutem dilige, et idem,
　Ut te cæteri ament, hos et amato prius.
Hæc inter repetita bonæ documenta columbæ,
　Frigilla e nido devolat orta recens.
Quam simul ac cernit securam ludere juxta,
　Ipsam continuo præpes alumnus adit.
Huncce benigna putat nutrix properasse profecto,
　Advenæ ut hospitium gratificetur avi;
Quod jam simpliciter ceu munus laudat amici;
　Mox eadem quanto læsa dolore gemit!
Cui tenero omnigenæ virtutis semina cultrix
　Indidit, atrocem sanguineumque videt.
Ipse etenim prendit volucrem duro ungue misellam
　Et captæ plumas eripit ore truci.
Viscera tum lanians avidam demittit in alvum,
　Nec, quamvis facti est conscius, inde piget.
Hunc igitur doluisse nihil vel cæde madentem,
　Certe erat ingenii quod foret usque malum.
Tristitia occubuit grandi paupercula mater;
　Id pretii ob curas officiosa tulit.
Porro hujus fuerat milvus generator alumni;
　Cultura at mores nulla novare potest.

FABLE IV

L'ANE ET LA FLUTE

Les sots sont un peuple nombreux,
Trouvant toutes choses faciles :
Il faut le leur passer, souvent ils sont heureux ;
Grand motif de se croire habiles.
Un âne, en broutant ses chardons,
Regardait un pasteur, jouant sous le feuillage
D'une flûte, dont les doux sons
Attiraient et charmaient les bergers du bocage.
Cet âne, mécontent, disait : Ce monde est fou !
Les voilà tous, bouche béante,
Admirant un grand sot qui sue et se tourmente
A souffler dans un petit trou.
C'est par de tels efforts qu'on parvient à leur plaire ;
Tandis que moi... Suffit... Allons-nous-en d'ici,
Car je me sens trop de colère.
Notre âne, en raisonnant ainsi,
Avance quelques pas, lorsque sur la fougère
Une flûte, laissée en ces champêtres lieux
Par quelque pasteur oublieux,
Se trouve sous ses pieds. Notre âne se redresse,
Sur elle de côté fixe ses deux gros yeux ;
Une oreille en avant, lentement il se baisse,
Applique son naseau sur le pauvre instrument,
Et souffle tant qu'il peut. O hasard incroyable !
Il en sort un son agréable.
L'âne se croit un grand talent,
Et, tout joyeux, s'écrie, en faisant la culbute :
Eh ! je joue aussi de la flûte.

FABULA IV

ASINUS ET TIBIA

Terra scatet stultis, queis obvia cuncta videntur;
　Error detur eis noxius ille nihil.
Hoc errore etenim felices vivere possunt :
　Doctos cur se habeant nonne ea causa satis?
Agrestes herbas avide dum prandet asellus,
　Pastorem hospitio sub viridante notat.
Plurima turba aderat circum mirata canentem;
　Tibia enim multum ludere doctus erat.
Quod stolide indignans secum mussabat asellus :
　Indubitato omnis desipit ista cohors.
En istum circa fatuum densantur hiantes,
　Mirabundi omnes quod triviale canit !
Næ magna hæc laus est tenue inspirare foramen,
　Aures ut bibulas tinnula arundo juvet !
Sic insudare est istos recreare studentem,
　Ast ego... Sed satis est... Præstat abire procul. .
Irascar nimio, maneam si... Protinus illinc
　Abscedit, veluti passus acerba querens.
Mox inter filices buxum, quæ forte jacebat,
　Invenit, atque statim ludere et ipse cupit.
Grandibus ergo oculis buxum transversa tuetur,
　Protendens aurem bardus, ineptus, hebes.
Post sensim inclinans petit ampla nare meatus
　Fistulæ, et afflatum follis ut acer agit.
Ecce autem nova res et quam mirabitur omnis,
　Flamine sub duro fistula suave sonat;
Gaudia tum crebro saltu testatus asellus :
　Dictitat : Ut quivis, tibia et ipse cano.

FABLE V

LE PAYSAN ET LA RIVIÈRE

Je veux me corriger, je veux changer de vie,
Me disait un ami : dans des liens honteux
   Mon âme s'est trop avilie ;
J'ai cherché le plaisir, guidé par la folie,
Et mon cœur n'a trouvé que le remords affreux.
C'en est fait, je renonce à l'indigne maîtresse
Que j'adorais toujours, sans jamais l'estimer.
Tu connais pour le jeu ma coupable faiblesse,
   Eh bien ! je vais la réprimer.
   Je vais me retirer du monde,
Et, calme désormais, libre de tous soucis,
   Dans une retraite profonde,
Vivre pour la sagesse et pour mes seuls amis.
   — Que de fois vous l'avez promis,
   Toujours en vain ! lui répondis-je.   [sûrement.
Çà, quand commencez-vous ? — Dans huit jours,
— Pourquoi pas aujourd'hui ? Ce long retard m'afflige.
   — Oh ! je ne puis dans un moment
   Briser une si forte chaîne ;
Il me faut un prétexte. Il viendra, j'en réponds.
   Causant ainsi nous arrivons
   Jusque sur les bords de la Seine ;
   Et j'aperçois un paysan,
   Assis sur une large pierre,
Regardant l'eau couler d'un air impatient.
— L'ami, que fais-tu là ?—Monsieur, pour une affaire,
Au village prochain je suis contraint d'aller ;

FABULA V

RUSTICUS ET FLUMEN

Hac peccasse tenus satis est; mutare priorem
   Vitam decretum est, et meliora sequi.
Mancipio injecit mihi turpia vincula turpi
   Cæca libido diu jam dominata satis.
Gaudia sectatus mala vixi; at vindice pœna
   Interior stimulus sæviit usque mihi.
Æmulor et castos; ergo procul esto meretrix,
   Quam deamata mihi, tam fugienda lues.
Vesanum tenuit me sæpius alea pernox;
   Improbum et hoc studium jam cohibere volo.
Tristibus a curis longe rerumque tumultu,
   Secreta deinceps vivere sede placet.
Illic virtutis amans, turpique tyrannide liber,
   Omni sorde carens, gaudia vera fruar.
Sic nuper quidam mihi promittebat amicus.
   Quam sæpe es, dixi, pollicitatus ita?
Promissa at quævis abierunt vana sub auras.
   Promissor toties, quando eris ergo dator?
Jam post octo dies... Sedenim tam multa moratus,
   Incipe, neve unum jam remorare diem.
Duri adeo possum non illico rumpere vincla
   Servitii; insuper est causa creanda mihi.
Invenietur at illa brevi, sic spondeo; namque
   Nunc sum virtutis certus inire viam.
Interea ad ripam fluvii succedimus ambo.
   Quidam erat hic undâ prætereunte sedens.
Huic ego, Tu quid agis? Da, noster, et unde videris

Je ne vois point de pont pour passer la rivière,
Et j'attends que cette eau cesse enfin de couler.
— Mon ami, vous voilà; cet homme est votre image :
Vous perdez en projets les plus beaux de vos jours.
Si vous voulez passer, jetez-vous à la nage,
    Car cette eau coulera toujours.

FABLE VI

LE PRÊTRE DE JUPITER

  Un prêtre de Jupiter,
  Devenu père de deux filles,
Fit, en son temps, son objet le plus cher
De les placer dans d'honnêtes familles.
La dot était fort mince. Un jeune jardinier
Se présenta pour gendre ; on lui donna l'aînée.
  Bientôt après cet hyménée,
La cadette devint la femme d'un potier.
A quelques jours de là, chaque épouse établie
  Chez son époux, le père va les voir.
  Bonjour, dit-il; je viens savoir
Si le choix que j'ai fait rend heureuse ta vie;
S'il ne te manque rien, si je peux y pourvoir.
  Jamais, répond la jardinière,
  Vous ne fîtes meilleure affaire :
La paix et le bonheur habitent ma maison.
Je tâche d'être bonne, et mon époux est bon ;
  Il est toujours sans jalousie ;
  Et moi sans autre fantaisie

Tristiculus nobis, dum specularis aquam ?
Qui contra : Mihi nempe est viculus ille petendus,
　Ut curem propriæ commoda parva domus.
Pons vero quoniam non suppetit, usque manendum
　Est mihi dum remorans fluxerit unda prius.
Ille tua est, inquam, segnis dilator, imago,
　Optima quæ spondes, irrita cuncta sinis.
Si flumen transire velis, tranare necessum ;
　Semper enim ut fluxit, semper et unda fluet.

FABULA VI

SACERDOS PATER

Mysta duas habuit licita de conjuge natas,
　Sat virtute bonas, paupere dote licet.
Harum sortita est olitorem rite maritum
　Nata prior, quando nubilis ipsa fuit.
Mox ætate minor, figulo sociata decenter,
　Casti acquisivit debita jura tori.
Providus inde pater nuptam convenit utramque,
　Scire volens, an sors esset utrique bona.
Salve, ait ; huc adsum, jam certior ipse futurus
　An felix laudes connubiale jugum,
An nihil, ut surgente domo, jam desit aventi,
　Et quod aves possim, suppeditare tibi.
At non, alme parens, olitoris nupta reponit,
　Res per te melius contigit ulla mihi.
Diligo ego sponsum, sponsus me diligit ipsam ;
　Conjux ut bona sum, sic meus et bonus est.
Felices fruimur secura pace, nec unquam
　Zelotypos fecit nos furiale malum.
Cuncta igitur, dilecte pater, sponsamque virumque

Que de l'aider dans ses travaux.
Nous ne désirons rien, sinon qu'un peu de pluie
　　　Fasse pousser nos artichauts.
— C'est là tout? — Oui, vraiment. — Tu seras satisfaite,
Dit le vieillard. Demain, je célèbre la fête
　　De Jupiter; je lui dirai deux mots.
　　Adieu, ma fille. — Adieu, mon père.
Le prêtre de ce pas s'en va chez la potière
　　　L'interroger, comme sa sœur,
　　　Sur son mari, sur son bonheur.
— Oh! répond celle-ci, dans mon petit ménage,
　　　Le travail, la paix, la santé,
　　　Tout va fort bien en vérité;
Nous ne pouvons suffire à la vente, à l'ouvrage :
Notre unique désir serait que le soleil
Nous montrât plus souvent son visage vermeil,
　　　Pour sécher notre poterie.
　　　Vous, pontife du dieu de l'air,
Obtenez-nous cela, mon père, je vous prie;
　　　Parlez pour nous à Jupiter.
　　— Très-volontiers, ma chère amie :
Mais je ne sais comment accorder mes enfants;
　　　Tu me demandes du beau temps,
　　　Et ta sœur a besoin de pluie.
Ma foi, je me tairai, de peur d'être en défaut.
Jupiter mieux que nous sait bien ce qu'il nous faut;
Prétendre le guider serait folie extrême;
Sachons prendre le temps comme il veut l'envoyer :
L'homme est plus cher aux dieux qu'il ne l'est à lui-
　　　　　　　　　　　　　　　　[même;
　　　Se soumettre, c'est les prier.

Cuncta secunda juvant, cuncta vel ipse labor.
Unum est in votis nunc fertilis imber, ut inde
 Augescant caules, uberiore solo.
Deficit hoc unum, nata? — Aio. — Suppetet istud
 Oranti patri sufficiente Deo.
Nata, vale. — Vale tu, genitor. — Quem deinde maritam
 Viseret ut figuli patrius egit amor.
Nata, ut habes, inquit? Contentane conjuge vivis?
 Illa statim : Nostra est tota beata domus.
Hic operi instamus pariter, recteque valemus,
 Connubii hic habitant paxque fidesque sacra.
Fictilia a turba nobis rapiuntur emace ;
 Ast unum figulis utile defit adhuc.
Sæpius ostendat rutilum sol igneus orbem,
 Fictilia ut fiant tempore sicca brevi.
Hoc votum; sedenim tu magnum numen adora,
 Vir sacer, ut deinceps nos beet iste favor.
Hoc equidem faciam pro voto, nata, libenter ;
 Sed qui vota isthic conciliare queam?
Tu cœlum poscis rutilo cum sole serenum,
 Dum riguos imbres optat habere soror.
Peccem ne orando, neutrum est orare voluntas,
 Id vero ut fiat quod velit ipse Deus.
An moderatorem supremum forte placeret
 Nostris consiliis arbitrioque regi?
Ergo imbres nobis tribuat, cœlumve serenet,
 Par illi ut Domino est semper habendus honor.
Velle, volente Deo, summa est sapientia; namque
 Nostram in nos superat provida cura Dei.

FABLE VII

LES DEUX CHAUVES

Un jour, deux chauves, dans un coin,
    Virent briller certain morceau d'ivoire ;
Chacun d'eux veut l'avoir ; dispute et coups de poing ;
Le vainqueur y perdit, comme vous pouvez croire,
Le peu de cheveux gris qui lui restaient encor.
    Un peigne était le beau trésor
    Qu'il eut pour prix de sa victoire.

FABLE VIII

LE LÉOPARD ET L'ÉCUREUIL

Un écureuil sautant, gambadant sur un chêne,
Manque sa branche et vient, par un triste hasard,
    Tomber sur un vieux léopard
    Qui faisait sa méridienne.
Vous jugez s'il eut peur. En sursaut s'éveillant,
    L'animal irrité se dresse ;
    Et l'écureuil, s'agenouillant,
Tremble, et se fait petit aux pieds de Son Altesse.
    Après l'avoir considéré,
Le léopard lui dit : Je te donne la vie,
Mais à condition que de toi je saurai
Pourquoi cette gaieté, ce bonheur que j'envie,
Embellissant tes jours, ne te quittent jamais ;
    Tandis que moi, roi des forêts,
    Je suis si triste et je m'ennuie.

FABULA VII

DUO CALVI

Angulo in obscuro neglectum fragmen eburnum
  Calvi forte duo visu obiere nitens.
Illud uterque sibi thesaurum vindicat; unde
  Et voce et pugnis aspera rixa furit.
Victori tristis victoria debuit esse,
  Quæ reliquis adeo constitit empta pilis.
Thesaurum vero, quem tanto depilis emit,
  Nosse juvat forsan? Pecten eburnus erat...

FABULA VIII

PARDUS ET SCIURUS

Frondenti in quercu, ludens de more, sciurus
  Lustrabat ramos hinc pede et inde levi.
At ramo deerrans pardi in caput incidit ipsum,
  Somnos dum media duceret ille die.
Lapso fortuito gelidus timor occupat artus,
  Extemplo somnos excutiente fera.
Hic ante horrendum et truculenta fauce minacem
  Procidit ille minor suppliciterque tremit.
Cui parcens pardus: Veniam concedo roganti;
  Jam vive, hac una conditione tamen.
Gaudia festiva hæc, secura et viva voluptas,
  Dic, age, quo tibi sunt propria facta modo?
En ego silvarum facile dominator, amaros
  Duco dies, cura conficiente dolens.
Atque sciurus ad hunc, Domine, inquit, vera fatebor

— Sire, lui répond l'écureuil,
Je dois à votre bon accueil
La vérité ; mais pour la dire,
Sur cet arbre, un peut haut, je voudrais être assis.
— Soit, j'y consens ; monte... — J'y suis.
A présent, je peux vous instruire.
Mon grand secret pour être heureux,
C'est de vivre dans l'innocence :
L'ignorance du mal fait toute ma science ;
Mon cœur est toujours pur, cela rend bien joyeux.
Vous ne connaissez pas la volupté suprême
De dormir sans remords : vous mangez les chevreuils,
Tandis que je partage à tous les écureuils
Mes feuilles et mes fruits : vous haïssez, et j'aime :
Tout est dans ces deux mots. Soyez bien convaincu
De cette vérité, que je tiens de mon père :
Lorsque notre bonheur nous vient de la vertu,
La gaieté vient bientôt de notre caractère.

FABLE IX

PAN ET LA FORTUNE

Un grand seigneur à des jeux de hasard
Avait perdu sa dernière pistole,
    Et puis joué sur sa parole.
    Il fallait payer sans retard.
    Les dettes du jeu sont sacrées.
    On peut faire attendre un marchand,
    Un ouvrier, un indigent,
    Qui nous a fourni ses denrées,
Mais un escroc ! l'honneur veut qu'au même moment

Debita; namque manet munere vita tuo.
Ante tamen domino quam proloquar omnia vere,
   Arbore da sedeam, commodiore loco.
Annuo; jam summos pete ramos... Occupo jam nunc,
   Libera securus jam queo verba dare.
Vivo beatus ego, vivo quia criminis insons;
   Nil aliud curans quam fugitare malum.
Cor remanet purum; cor et implent gaudia pura;
   Nullus et innocuum pungit aculeolus.
Te procul aufugiunt caprinæ gentis edacem
   Gaudia puri animi, somnus et alma quies.
Contra ego cum sociis amo participare sciuris
   Iliceos fœtus fagineasque nuces.
Mens inimica tibi est; sum fidi cultor amoris;
   Disparia hinc studio dispare cuncta vides.
Jam liceat, princeps, tibi dicta referre parentis,
   Quæ pius ille dedit, quæ pius ipse colam;
Virtutis veræ semper vivamus amici,
   Intus et a nobis tunc bene semper erit.

FABULA IX

PAN ET FORTUNA

Primorum quemdam nudaverat alea fallax;
   Obligat hic, nummo deficiente, fidem.
Debitor actutum debebat solvere; namque
   Alea, sic placuit, debita sacra facit.
Non ita sacra tenent, alias si debita quæ sint.
   Tunc ad solvendum plurimus esse negat.
Artifici merces differtur adepta labore;
   Aleo sed felix æs feret absque mora.
Nam sibi lusores hac lege videntur honesti,

On le paye, et très-poliment.
La loi par eux fut ainsi faite.
Notre jeune seigneur, pour acquitter sa dette,
Ordonne un coupe de bois.
Aussitôt les ormes, les frênes,
Et les hêtres touffus, et les antiques chênes,
Tombent l'un sur l'autre à la fois.
Les faunes, les sylvains désertent les bocages ;
Les dryades en pleurs regrettent leurs ombrages ;
Et le dieu Pan, dans sa fureur,
Instruit que le jeu seul a causé ces ravages,
S'en prend à la Fortune : O mère du malheur !
Dit-il, infernale furie !
Tu troubles à la fois les mortels et les dieux ;
Tu te plais dans le mal, et ta rage ennemie...
Il parlait lorsque dans ces lieux
Tout à coup paraît la déesse.
Calme, dit-elle à Pan, le chagrin qui te presse ;
Je n'ai pas causé tes malheurs :
Même aux jeux de hasard, avec certains joueurs,
Je ne fais rien. — Qui donc fait tout ? — L'adresse.

FABLE X

LE PETIT CHIEN

La vanité nous rend aussi dupes que sots.
Je me souviens, à ce propos,
Qu'au temps jadis, après une sanglante guerre,
Où, malgré les plus beaux exploits,
Maint lion fut couché par terre,
L'éléphant régna dans les bois.
Le vainqueur, politique habile,

Illico victori si lucra parta dabunt.
Æs ergo victus lucratum ut cedere possit,
 Non pauca in silva ligna secare jubet.
Ergo cæduntur pinus, cæduntur et orni ;
 Silva suum amittit depopulata decus.
Lugent umbrosa quondam de sede migrantes,
 Fauni cum satyris silvicolæque deæ.
Audita sedenim, quam jusserat aleo, strage,
 Pan subito furiis ardet, acerba fremens.
Et temere Fortunam incusans : Improba, dixit :
 Non es cœlicolum, diva sed atra Stygis.
Omnia confundis, quoniam tibi cæca libido
 Et favet immeritis, rursus et ipsa nocet.
Talia jactanti Fortuna est visa repente...
 Vince animos, dixit ; concidat iste furor.
Non ea, quam culpas, ego sum tibi causa malorum ;
 Ludo multoties una præesse vetor.
Imo est ludus ubi possim nihil ipsa. — Quis ergo
 Plus te unquam potuit? — Dexteritate potens.

FABULA X

PUSILLUS CANIS

Nos facit insanos nostri ostentatio sæpe,
 Ridiculos pariter credulitate levi.
In silvis olim bellum ingens sæviit, atrox,
 In quo sunt varie prælia facta diu.
Pugnavere quidem magna virtute leones ;
 Hostili at plures procubuere manu.
Inde triumphatis elephas rivalibus unus

Voulant prévenir désormais
Jusqu'au moindre sujet de discorde civile,
De ses vastes États exila pour jamais
La race des lions, son ancienne ennemie.
L'édit fut proclamé. Les lions affaiblis,
Se soumettant au sort qui les avait trahis,
    Abandonnent tous leur patrie.
Ils ne se plaignent pas ; ils gardent dans leur cœur
    Et leur courage et leur douleur.
Un bon vieux petit chien, de la charmante espèce
De ceux qui vont portant jusqu'au milieu du dos
    Une toison tombant à flots,
    Exhalait ainsi sa tristesse :
Il faut donc vous quitter, o pénates chéris !
    Un barbare, à l'âge où je suis,
M'oblige à renoncer aux lieux qui m'ont vu naître.
Sans appui, sans secours, dans un pays nouveau,
Je vais, les yeux en pleurs, demander un tombeau
    Qu'on me refusera peut-être.
O tyran, tu le veux ! Allons, il faut partir.
Un barbet l'entendit : touché de sa misère,
Quel motif, lui dit-il, peut t'obliger à fuir ?
— Ce qui m'y force ? ô ciel ! et cet édit sévère,
Qui nous chasse à jamais de cet heureux canton !
— Nous ? — Non pas vous, mais moi... — Comment !
    [toi, mon cher frère ?
Qu'as-tu donc de commun... ? — Plaisante question !
    Eh ! ne suis-je pas un lion ?

FABLE XI

LE CHAT ET LES RATS

Un angora, que sa maîtresse
Nourrissait de mets délicats,

Regnans, imperii jusque decusque tulit.
Jam vero victor metuendi semina belli
  Ne qua forent, voluit lege cavere sagax.
Hostes ergo diu, genus acre, fuere leones
  Jussi omnes regni finibus ire procul.
Victi, namque illos confecerat horrida clades,
  Dicta coacti sunt imperiosa sequi.
Absque mora abscedunt patria de sede tacentes,
  Queis alto ira memor corde reposta manet.
Forte inter catulos undoso vellere quidam,
  Jam vetulus, cœpit taliter ore queri :
Hei mihi ! quam tristis venit fortuna quieto !
  Nunc tibi dicendum est, o mea terra, vale !
Barbarus en me adigit, me quali ætate ! tyrannus
  Tempus in æternum patria abesse domo !
Jamque misellus, inops, indigne habitanda fugatus
  Tecta petam, cineri forte neganda meo !
Ista, tyranne, jubes mala... Jam patienter eamus.
  A parvo audita est ista querela cane.
O bone, cur tanti gemitus? et cur fugis, inquit ?
  — Cur fugiam ! — Imperium te grave nempe latet.
— Quale ais? — Aio istud, quod nos hinc cogit abire...
  — Tu non inde, at sum flebilis unus ego !
— Tu ! tibi scire velim cum quovis exule quid sit.
  — Quid sit et hoc dubitas? Sum, bone, nonne leo?

FABULA XI
FELES ET MURES

Jucundis dapibus feles nutrita sinebat
  Murinam gentem pace nitere bona,

Ne faisait plus la guerre aux rats ;
Et les rats, connaissant sa bonté, sa paresse,
Allaient, trottaient partout, et ne se gênaient pas.
Un jour, dans un grenier retiré, solitaire,
Où notre chat dormait, après un bon festin,
    Plusieurs rats viennent dans le grain
    Prendre leur repas ordinaire.
L'angora ne bougeait. Alors mes étourdis
Pensent qu'ils lui font peur ; l'orateur de la troupe
    Parle des chats avec mépris.
    On applaudit fort, on s'attroupe,
    On le proclame général.
Grimpé sur un boisseau, qui sert de tribunal :
Braves amis, dit-il, courons à la vengeance.
De ce grain désormais nous devons être las ;
Jurons de ne manger désormais que des chats ;
On les dit excellents ; nous en ferons bombance.
A ces mots, partageant son belliqueux transport,
Chaque nouveau guerrier sur l'angora s'élance,
    Et réveille le chat qui dort.
Celui-ci, comme on croit, dans sa juste colère,
    Couche bientôt sur la poussière
    Général, tribuns et soldats.
    Il n'en échappa que deux rats,
Qui disaient, en fuyant bien vite à leur tanière :
    Il ne faut point pousser à bout
    L'ennemi le plus débonnaire ;
On perd ce que l'on tient quand on veut gagner tout.

Hoc mite ingenium, necnon et inertia felis
  Pervigiles oculos non latuere diu.
Secura ergo cavis exire minuscula plebes,
  Cursusque huc illuc multiplicare vagos.
Accidit ut feles, festive epulata, sopori
  Indulgeret, ubi condita messis erat.
Venere huc mures pransum de more frequentes,
  Ob somnum scilicet fele inhibente nihil.
Somnum hunc esse metum reputat temeraria turba,
  Atque metum per se nempe fuisse datum.
De cœtu orator quidam sermone superbo
  Temnendum feles asserit esse genus.
Plausibus excipiunt ipsum, et clamore salutant
  Ceu vice functurum principis atque ducis.
Haud mora, dux modium scandit ceu rostra potitum,
  Inque hostem altisono plurimus ore fluit.
Hostis, ait, gens est felina, hæc improba pestis,
  Quæ nostram populat perniciosa domum.
Nos ergo nostros fele ulciscamur in ista;
  Pœnas pro multis una det ista graves.
Jam, puto, pertæsum est nos vilia grana comesse;
  Pascere nos placeat jam meliore dape.
Esse malas feles epulum prædulce refertur :
  Nos ergo usque dehinc pascere fele juvet :
Et juremus in hoc... Jurati protinus ire,
  Quos simul incensos martius ardor agit.
Sic somno excutiunt felem, quæ mota repente,
  Ira imprudentes instimulante petit.
Et dicto citius plebem omnem cum duce victrix
  Sternit humi passim, dente vel ungue metens.
Mox omnis jacuit legio disrupta, duoque
  Vix mures cursu se eripuere cito.
Dum rapit hos celeris fuga, mussant talia : Felem
  Pacificam e somnis exagitare nocet.

FABLE XII

LE CROCODILE ET L'ESTURGEON

Sur la rive du Nil, un jour, deux beaux enfants
    S'amusaient à faire sur l'onde,
Avec des cailloux plats, ronds, légers et tranchants,
    Les plus beaux ricochets du monde.
Un crocodile affreux arrive entre deux eaux,
S'élance tout à coup, happe l'un des marmots,
Qui crie et disparaît dans sa gueule profonde.
L'autre fuit en pleurant son pauvre compagnon.
    Un honnête et digne esturgeon,
    Témoin de cette tragédie,
S'éloigne avec horreur, se cache au fond des flots.
Mais bientôt il entend le coupable amphibie
    Gémir et pousser des sanglots :
Le monstre a des remords, dit-il. O Providence !
    Tu venges souvent l'innocence ;
    Pourquoi ne la sauves-tu pas ?
Ce scélérat du moins pleure ses attentats ;
    L'instant est propice, je pense,
    Pour lui prêcher la pénitence.
Je m'en vais lui parler. Plein de compassion,
    Notre saint homme d'esturgeon
    Vers le crocodile s'avance :
Pleurez, lui cria-t-il, pleurez votre forfait,
    Livrez votre âme impitoyable
Au remords, qui des dieux est le dernier bienfait,
Le seul médiateur entre eux et le coupable.

Non irritare est patiente vel indole quemvis.
Cuncta petens perdit sæpius et quod habet.

FABULA XII

CROCODILUS ET ACIPENSER

Nili propter aquam, pueri duo gaudia lusu
  Carpebant alacres et necis absque metu.
Dulce erat his studium teretes jactare lapillos,
  Jactuque assultus congeminare leves.
Ecce autem crocodilus atrox emergit ab undis,
  Atque unum e pueris occupat ore vorax.
Ejulat absorptus puer alto faucis hiatu:
  Alter dum lacrymans se rapit inde fuga.
Non tulit hanc speciem exhorrens acipensis honestus,
  Et subito latitans fluminis alta petit.
Mox ipsi auditur mœstum et lacrymabile quoddam;
  Bellua singultat flebiliterque dolet.
Te, Deus, hic acipenser ait, Deus optime, laudo;
  Dat pœnas, stimulis te cruciante, fera.
Sic nocuos agitans, insontem ulciscere semper,
  Quem tutum ut facias incolumemque precor.
Noxius hic saltem damnabile crimen abhorret,
  Ac, me hortante, volet jam meliora sequi.
Hunc hortemur ad hoc. Extemplo acipenser ad istum,
  Olim et nunc tetrum, corde benignus adit.
Heu! lacrymare scelus, dixit, lacrymare nefandum;
  Damnosam et justo plange dolore gulam.
Intimus iste dolor, divino munere, sontes
  Expiat, atque ipsis dedecus omne levat.
Proh! immane scelus! puerum prandere tenellum!
  Certe nunc horres, horrui ut ipse modo.

Malheureux! Manger un enfant!
Mon cœur en a frémi; j'entends gémir le vôtre...
— Oui, répond l'assassin, je pleure en ce moment
De regret d'avoir manqué l'autre.
Tel est le remords du méchant.

FABLE XIII

LA SAUTERELLE

C'en est fait, je quitte le monde;
Je veux fuir pour jamais ce spectacle odieux
Des crimes, des horreurs, dont sont blessés mes yeux.
Dans une retraite profonde,
Loin des vices, loin des abus,
Je passerai mes jours doucement à maudire
Les méchants de moi trop connus.
Seule ici-bas j'ai des vertus:
Aussi pour ennemi j'ai tout ce qui respire;
Tout l'univers m'en veut : homme, enfants, animaux,
Jusqu'au plus petit des oiseaux,
Tous sont occupés de me nuire;
Eh! qu'ai-je fait pourtant?... Que du bien... Les ingrats!
Ils me regretteront, mais après mon trépas.
Ainsi se lamentait certaine sauterellle,
Hypocondre, et n'estimant qu'elle.
— Où prenez-vous cela, ma sœur?
Lui dit une de ses compagnes.
Quoi! vous ne pouvez pas vivre dans ces campagnes,
En broutant de ces prés la douce et tendre fleur,
Sans vous embarrasser des affaires du monde?
Je sais qu'en travers il abonde:
Il fut ainsi toujours, et toujours il sera;

Heu! doleo et multum, ferus helluo dicere; namque
  Alterius carnes esurit alvus adhuc.
Sic non facta solent pravi, sed omissa dolere,
  Quos ut inexpletos usque cupido tenet.

FABULA XIII

LOCUSTA

Tandem decretum est; isthic me vivere tædet;
  Mundo supremum nunc ego dico vale.
Hac vidisse tenus satis est, jam nolo videre
  Tot scelerum facies, fas simul atque nefas,
Jam procul a vitiis, cœtuque remota malorum,
  Ipsa malos, nullo me prohibente, querar.
Una ego sum virtutis amans; quapropter iniquis
  Gens humana odiis me furibunda premit.
Non ea gens una est infensa, sed et genus omne
  Quadrupedum et volucrum tendit obesse mihi.
At potui quibus ipsa modis odia illa movere
  Aspera? In omnigenas nonne benigna fui?
Proh genus ingratum! Certe me morte solutam
  Flebunt! Sed veniet serius iste dolor.
Hanc effundebat morosa locusta querelam,
  Tota in laude sua, tota in amore sui.
Cur ea conquereris, sapiens ait una sororum?
  Quin te hæc, ut socias, dulcia rura beant?
Quid vetat in pratis te gratos pascere flores,
  Et curare parum quæ male mundus agit?
Haud latet, in mundo recte non omnia fiunt;
  Illud erit vero deinde quod ante fuit.
Sis invita licet, servabunt usque tenorem

Ce que vous en direz grand' chose n'y fera.
D'ailleurs, où vit-on mieux? Quant à votre colère
Contre ces ennemis qui n'en veulent qu'à vous,
　　Je pense, ma sœur, entre nous,
　　Que c'est peut-être une chimère,
Et que l'orgueil souvent donne ces visions.
Dédaignant de répondre à ces sottes raisons,
La sauterelle part, et sort de la prairie,
　　　　Sa patrie.
Elle sauta deux jours pour faire deux cents pas.
Alors elle se croit au bout de l'hémisphère,
Chez un peuple inconnu, dans de nouveaux États;
　　Elle admire ces beaux climats,
Salue avec respect cette rive étrangère.
　　　Près de là, des épis nombreux,
Sur de longs chalumeaux, à six pieds de la terre,
Ondoyants et pressés, se balançaient entre eux.
　　　Ah! que voilà bien mon affaire!
Dit-elle avec transport : dans ces sombres taillis,
Je trouverai sans doute un désert solitaire;
C'est un asile sûr contre mes ennemis.
La voilà dans le blé. Mais, dès l'aube suivante,
　　　Voici venir les moissonneurs.
　　　Leur troupe nombreuse et bruyante
S'étend en demi-cercle; et parmi les clameurs,
　　Les ris, les chants de la famille,
Les épis entassés tombent sous la faucille.
La terre se découvre, et les blés abattus
　　　Laissent voir les sillons tout nus.
— Pour le coup, s'écriait la triste sauterelle,
Voilà qui prouve bien la haine universelle
Qui partout me poursuit : à peine en ce pays
A-t-on su que j'étais qu'un peuple d'ennemis
　　　S'en vient pour chercher sa victime.

Singula; nec speres hinc meliora fore.
At quoties reputas omnes tibi velle nocere,
　Ipsa tibi fingis somnia, crede, soror.
Non semel hæc nobis insana superbia jactat.
　Heus! dare verba, soror, docta videre mihi,
At migro; valedum. Subito, peregrina recedit,
　Nec procul, ut gemino saltet anhela die.
Tunc esse extremas, ubi nunc est, autumat oras,
　Gentes esse novas, imperia esse nova.
Miratur cœlum supra, miratur et omnes
　Læta locos, et ave dans iteransque locis.
Non procul hinc messes gravidas camposque natantes
　Flectebat zephyri leniter aura tepens.
En illa est sedes, qualem mea vota petebant!
　O gratam sedem! Tu mea semper eris!
Sic ait exultans : Vivam secreta sub umbris
　Culmorum densis, hoste metuque procul.
Incola jam segetis gaudet; sed, mane sequenti,
　Rustica messorum convenit ecce manus.
Jam clamosæ operæ longum spatiantur in arcum;
　Maturæ et fruges, falce premente, cadunt.
Jamque suis late sulci viduantur aristis,
　Et passim apparet plurima strata seges.
Hac vice, qui dubitem, queribunda iterare locusta,
　Quin ubicunque odium me furiale petat.
Vix etenim notum est hac me in regione morari,
　Cum subito in miseram turba inimica ruit.
Atque adeo illius gentis furor impius ardet,
　Ut mihi dum noceat, nil putet esse nefas.
En sata dementes ipsi sua depopulantur
　Ferro, ne fugiam nempe misella necem.
Nec modo ferro ipsi vastarent cuncta, sed igne,
　Si mors atra mihi certior igne foret.
En, infensi hostes, en adsum victima vobis,

　　　　Dans la fureur qui les anime,
Employant contre moi les plus affreux moyens,
De peur que je n'échappe ils ravagent leurs biens :
Ils y mettraient le feu, s'il était nécessaire.
Eh ! messieurs, me voilà, dit-elle en se montrant ;
　　　　Finissez un travail si grand,
　　　　Je me livre à votre colère.
　　　　Un moissonneur, dans ce moment,
Par hasard la distingue ; il se baisse, il la prend,
Et dit, en la jetant dans une herbe fleurie :
　　　　Va manger, ma petite amie.

FABLE XIV

LA GUÊPE ET L'ABEILLE

Dans le calice d'une fleur,
La guêpe un jour voyant l'abeille,
S'approche en l'appelant sa sœur.
Ce nom sonne mal à l'oreille
De l'insecte plein de fierté,
Qui lui répond : Nous sœurs ! ma mie,
Depuis quand cette parenté ?
Mais c'est depuis toute la vie,
Lui dit la guêpe avec courroux :
Considérez-moi, je vous prie ;
J'ai des ailes tout comme vous,
Même taille, même corsage ;
Et, s'il vous en faut davantage,
Nos dards sont aussi ressemblants.
— Il est vrai, répliqua l'abeille,
Nous avons une arme pareille ;
Mais pour des emplois différents.

Vester, morte mea desinat iste labor.
Dedite me morti... Videt illam forte metendo
  Villicus, atque legit dulce fovente manu.
Quippe statim lectam mittens per florea rura :
  I, mea amicula, ait, pabula quære tibi.

FABULA XIV

VESPA ET APIS

Vidit apem in croceo carpentem pabula flore
  Vespa, et ait satagens : Sis mea salva soror !
Præter spem sed apis tali donata salute,
  Indignam hanc generis nobilitate putat.
Versa ergo ad vespam : Soror, inquit, tu mea ! et unde
  Sis mea, vespa, soror ? Quove propinqua modo ?
Cui vespa indignans ; sed qualiscunque videris
  Ipsa tibi, videor talis et esse mihi.
Aligera ut potis es, sic et sum nare per auras ;
  Est quoque pulchellum pectus utrique decus.
Jam sumus insignes forma ambæ ; si quid et ultra
  Exigis, en similis prodit aculeolus.
Est equidem nobis, apis inquit, aculeus idem ;
  Longe aliæ at morum disparitate sumus.
Tu prior usque noces ; ego non nisi læsa nocentem
  Arceo pacis amans, dum petulanter agis.

La vôtre sert votre insolence,
La mienne repousse l'offense ;
Vous provoquez, je me défends.

FABLE XV

LE HÉRISSON ET LES LAPINS

Il est certains esprits d'un naturel hargneux,
　　Qui toujours ont besoin de guerre ;
Ils aiment à piquer, se plaisent à déplaire,
Et montrent pour cela des talents merveilleux.
　　Quant à moi je les fuis sans cesse,
Eussent-ils tous les dons et tous les attributs,
J'y veux de l'indulgence et de la politesse :
　　C'est la parure des vertus.
　Un hérisson, qu'une tracasserie
　　Avait forcé de quitter sa patrie,
　　　Dans un grand terrier de lapins
　　　Vint porter sa misanthropie.
　　Il leur conta ses longs chagrins,
Contre ses ennemis exhala bien sa bile,
Et finit par prier les hôtes souterrains
　　　De vouloir lui donner asile.
　　　Volontiers, lui dit le doyen :
Nous sommes bonnes gens, nous vivons comme frères,
Et nous ne connaissons ni le tien ni le mien ;
Tout est commun ici : nos plus grandes affaires
　　　Sont d'aller, dès l'aube du jour,
Brouter le serpolet, jouer sur l'herbe tendre :
Chacun, pendant ce temps, sentinelle à son tour,
Veille sur le chasseur qui voudrait nous surprendre ;
S'il l'aperçoit, il frappe, et nous voilà blottis

FABULA XV

ECHINUS ET CUNICULI

Ingenia invenias quædam pugnacia tantum,
    Illa ut continuo belligerare juvet.
Hoc illis studium est irritare, lacessere quosvis;
    Esse et ad hoc in eis ars cumulata solet.
Quos ipse exosus vigil arceo semper, ut ipsi,
    Mendosi hoc uno, sint aliunde boni.
Monstret se facilem virtus semperque benignam;
    Pulchrior hinc fiet tunc et amabilior.
Jure suis olim sociis odiosus echinus,
    Lege fuit patria jussus abire domo.
Invenit ille cavum, sedem dum quæritat exul;
    More cuniculus hunc sederat ante cavum.
Mox adsunt alii; coram ipsis advena narrat
    Quanta sit injuste passus acerba domi.
Inde suos postquam mordacis verbere linguæ
    Proscidit, hospitium postulat ipse sibi.
Te nostrum accipimus, de cœtu maximus inquit;
    Fraternum hic regnat fœdus amorque pius.
Dicimus inter nos communia cuncta libenter,
    Neve meum atque tuum vox odiosa sonat.
Mane novo, hæc cura est imprimis ludere in herba,
    Et suffire thymo suave fragrante dapes.
Ne quis venantum male cautos occupet, unus
    Quisque vice excubias irrequietus agit.
Hostis adest ubi quis, signum datur, atque repente

Avec nos femmes, nos petits.
Dans la gaieté, dans la concorde,
Nous passons les instants que le ciel nous accorde.
Souvent ils sont prompts à finir ;
Les panneaux, les furets abrègent notre vie ;
Raison de plus pour en jouir.
Du moins par un chaste plaisir,
Autant qu'elle a duré, nous l'avons embellie :
Telle est notre philosophie.
Si cela vous convient, demeurez avec nous,
Et soyez de la colonie ;
Sinon, faites l'honneur à notre compagnie
D'accepter à dîner, puis retournez chez vous.
A ce discours plein de sagesse,
Le hérisson repart qu'il sera trop heureux
De passer ses jours avec eux,
Alors chaque lapin s'empresse
D'imiter l'honnête doyen,
Et de lui faire politesse.
Jusques au soir tout alla bien.
Mais lorsqu'après souper la troupe réunie
Se mit à deviser des affaires du temps,
Le hérisson de ses piquants
Blesse un jeune lapin. Doucement, je vous prie,
Lui dit le père de l'enfant.
Le hérisson, se retournant,
En pique deux, puis trois, et puis un quatrième.
On murmure, on se fâche, on l'entoure en grondant.
Messieurs, s'écria-t-il, mon regret est extrême ;
Il faut me le passer ; je suis ainsi bâti ;
Et je ne puis pas me refondre.
Ma foi, dit le doyen, en ce cas, mon ami,
Tu peux aller te faire tondre.

In latebram aufugimus tota caterva simul.
Festive unanimes fruimur vitalibus auris,
  Quotquot Cœlipotens donat habere dies.
Fit brevis interdum nobis ea summa dierum,
  Cum laqueis adeo vivetra dira nocet.
Nos ævi ergo breves sectamur gaudia cordis,
  Non ea quæ cupidis empta dolore nocent.
Hanc si, quæ nostra est, placeat tibi vivere vitam,
  Nobiscum nostro more colonus eris.
Quod si non placeat, prandeto diurnus ut hospes,
  Atque tuos propere rursus adito focos.
At placet, alter ait, vita hæc semperque placebit;
  Hac ubinam melius conditione foret?
Continuo excipitur studiis certantibus, atque
  Obtinet hospitii jus et amicitiæ.
Post hæc dum vario nostri sermone fruuntur;
  Her cuidam pungit circumeundo latus.
Parce, precor, dixit punctus; subitoque reflectens
  Her dorsum, appositos pungit alculeolis.
Multus et inde queri, spinas culpare nocentes
  Per quas contiguis membra cruenta dolent.
Ille autem : Dolor est, inquit, mihi maximus ; at vos
  Este boni, ut non est hoc inhibere malum
Maximus at natu excipiens : Heus ! dixit, amice,
  Si refici nequeas, radere pelle tenus

FABLE XVI

LE CHARLATAN

Sur le pont Neuf, entouré de badauds,
    Un charlatan criait à pleine tête :
Venez, messieurs, accourez faire emplette
    Du grand remède à tous les maux :
    C'est une poudre admirable
    Qui donne de l'esprit aux sots,
De l'honneur au fripon, l'innocence au coupable,
    A la laideur des agréments,
Au visage flétri les fleurs de la jeunesse,
    Aux fous le prix de la sagesse,
    Et la science aux ignorants.
Avec ma poudre, il n'est rien dans la vie
    Dont bientôt on ne vienne à bout.
Par elle on obtient tout, on sait tout, on fait tout,
    C'est la grande Encyclopédie.
Vite je m'approchai pour voir ce beau trésor...
    C'était un peu de poudre d'or.

FABLE XVII

LE CHIEN COUPABLE

    Mon frère, sais-tu la nouvelle?
Mouflar, le bon Mouflar, de nos chiens le modèle,
Si redouté des loups, si soumis au berger,
    Mouflar vient, dit-on, de manger
Le petit agneau noir, puis la brebis sa mère,
    Et puis sur le berger s'est jeté furieux.

FABULA XVI

CIRCULATOR

Pharmacopola, foro in medio, dum tolleret artem
    Laude suam, stolide turba stupebat hians.
Hæc laudantis erant : Propere medicamen ematur,
    Quo nihil utilius, quo melius nihil est.
Pulvis id est mirus, bardo qui donat acumen,
    Missos atque reos vel decorare potest.
Informes vultus idem facit esse venustos,
    Exhilarat mœstos, vivificatque senes.
Obtinet hoc pariter pulvis sapere insipientes,
    Quæque latent ipsos omnia scire rudes.
Ardua quin etiam quæ vulgo cunque feruntur,
    Pulvere vincuntur subveniente meo.
Iste meus tandem pulvis docet, efficit illa
    Quæ scire aut fieri singula quisquis avet.
Accessi, ut pulvis qualis foret iste probarem ;
    En erat auricolor paulula arena modo.

FABULA XVII

CANIS NOXIUS

Audisti, frater, quæ sunt vulgata ?... Lyciscus...
    Nonne et adhuc bonus est ?... Heu ! bonus ille fuit.
Ille ergo tam fidus, et indole blandus, et ipsos
    Noctu prædantes fortis adire lupos :
Sedulus ille comes pastoris, dignus et idem
    Nostrorum exemplar qui foret usque canum ;

— Serait-il vrai? — Très-vrai, mon frère.
— A qui donc se fier, grands dieux !
C'est ainsi que parlaient deux moutons dans la plaine ;
　　Et la nouvelle était certaine.
　　Mouflar, sur le fait même pris,
　　N'attendait plus que le supplice ;
Et le fermier voulait qu'une prompte justice
　　Effrayât les chiens du pays.
La procédure en un jour est finie.
Mille témoins pour un déposent l'attentat :
Récolés, confrontés, aucun d'eux ne varie :
Mouflar est convaincu du triple assassinat :
Mouflar recevra donc deux balles dans la tête
　　Sur le lieu même du délit.
　　A son supplice qui s'apprête,
　　Toute la ferme se rendit.
Les agneaux de Mouflar demandèrent sa grâce ;
Elle fut refusée. On leur fit prendre place :
　　Les chiens se rangèrent près d'eux,
Tristes, humiliés, mornes, l'oreille basse,
Plaignant, sans l'excuser, leur frère malheureux.
Tout le monde attendait dans un profond silence.
Mouflar paraît bientôt, conduit par deux pasteurs ;
Il arrive, et, levant au ciel ses yeux en pleurs,
　　Il harangue ainsi l'assistance :
O vous, qu'en ce moment je n'ose et je ne puis
Nommer, comme autrefois, mes frères, mes amis,
　　Témoins de mon heure dernière,
Voyez où peut conduire un coupable désir.
De la vertu quinze ans j'ai suivi la carrière ;
　　Un faux pas m'en a fait sortir.
Apprenez mes forfaits. Au lever de l'aurore,
Seul, auprès du grand bois, je gardais le troupeau,
　　Un loup vient, emporte un agneau,

Ille, nigro agnello nuper cum matre vorato,
    Ipsum in pastorem proruit inde furens.
Vera refers, frater, tam tristia ? — Vera. — Quis ergo
    Tam tutus dabitur cui sit habenda fides ?
Hoc gemini in pratis agni sermone dolebant
    Inter se ; neque erant nuntia falsa data...
In scelere apprensus fuerat flagrante Lyciscus,
    Quod modo debebat pendere morte sua.
Villicus infensus pœna præsente volebat,
    Quæ foret exemplum, terrificare scelus.
Res est acta die præsenti, ubi protulit omnis
    Testis in evictum crimina vera canem.
Luce palam arguitur triplici de cæde Lyciscus ;
    Hunc, ubi deliquit, debita pœna manet.
Huic exinde mori jusso dum triste paratur
    Supplicium, e villa convenit omne genus.
Unanimes vitam frustra pro sonte precati,
    Agni sederunt ordine quisque suo :
Quos juxta mœsti, demissaque aure, pudentes
    Ob gentile nefas, se statuere canes.
Hos miseret fratris pœnas vel jure daturi :
    Suspensi interea tota corona silent.
Jam vero damnatus adest, geminusque satelles :
    Taliaque illacrymans verba Lyciscus habet.
Vos hic spectantes, quos vel fratres, vel amicos
    Jam non sustineo dicere, ut ante, meos ;
Qui scelus omne mea cernetis morte piantem,
    Discite quo scelerum prava cupido ferat.
Recte equidem vixi primum ; semel at pede lapsus,
    Usque abii a recta jam regione procul.
Cuncta a principio quæ sunt peccata fatebor.
    Servabam vigilans sollicitusque pecus.
Agnellum ecce lupus pinguem prædatur editque ;
    Latronem at cursu consequor ipse celer.

Et, tout en fuyant, le dévore.
Je cours, j'atteins le loup, qui, laissant son festin,
Vient m'attaquer; je le terrasse,
Et je l'étrangle sur la place.
C'était bien jusque-là ; mais, pressé par la faim,
De l'agneau dévoré je regarde le reste;
J'hésite, je balance... A la fin cependant
J'y porte une coupable dent :
Voilà de mes malheurs l'origine funeste.
La brebis vient dans cet instant,
Elle jette des cris de mère...
La tête m'a tourné; j'ai craint que la brebis
Ne m'accusât d'avoir assassiné son fils ;
Et pour la forcer à se taire,
Je l'égorge dans ma colère.
Le berger accourait, armé de son bâton.
N'espérant plus aucun pardon,
Je me jette sur lui ; mais bientôt on m'enchaîne,
Et me voici prêt à subir
De mes crimes la juste peine.
Apprenez tous du moins, en me voyant mourir,
Que la plus légère injustice
Aux forfaits les plus grands peut conduire d'abord ;
Et que dans le chemin du vice,
On est au fond du précipice,
Dès qu'on met un pied sur le bord.

FABLE XVIII

L'AUTEUR ET LES SOURIS

Un auteur se plaignait que ses meilleurs écrits
Étaient rongés par les souris.

Protinus a præda raptor convertitur ad me;
  Funditur at valido dente necatus humi.
Hoc laudandus eram; sed proh mihi flebile fatum!
  Ne coram agnellus semivoratus erat.
Hic horrore mali cor primum fluctuat anceps,
  Officio at desum præ stimulante gula.
Illinc mihi fit series scelerum simul atque malorum;
  Testis balat ovis mota dolore parens.
Tunc amens timui, ne me hæc ovis orba citaret,
  Culpa mihi et fieret jam manifesta reo.
Hanc ergo enecui ne proderer. Illico pastor
  Advolat, et meritum fuste ferire parat.
Ast ego, cui jam non veniæ spes ulla subesset,
  Irruo, pastorem dente minace petens.
Occupor a famulis villæ, vinclisque retentus
  Hic mea, et id jus est, crimina morte luam,
Discite nunc omnes, mala quantulacunque videntur,
  Posse bonos etiam ducere ad omne nefas;
Et, quicunque oram male cautus adivit abyssi,
  In fundum penitus præcipitare brevi.

FABULA XVIII

SCRIPTOR ET MURES

Sæpe querebatur mures non sordidus auctor
  Optima consuetos rodere scripta sibi.

Il avait beau changer d'armoire,
Avoir tous les piéges à rats,
Et de bons chats,
Rien n'y faisait; prose, vers, drame, histoire,
Tout était entamé ; les maudites souris
Ne respectaient pas plus un héros et sa gloire,
Ou le récit d'une victoire,
Qu'un petit bouquet à Chloris.
Notre homme au désespoir, et l'on peut bien m'en croire,
Pour y mettre un auteur peu de chose suffit,
Jette un peu d'arsenic au fond de l'écritoire,
Puis, dans sa colère, il écrit.
Comme il le prévoyait, les souris grignotèrent,
Et crevèrent.
C'est bien fait, direz-vous ; cet auteur eut raison.
Je suis loin de le croire ; il n'est point de volume
Qu'on n'ait mordu, mauvais ou bon ;
Et l'on déshonore sa plume,
En la trempant dans du poison.

FABLE XIX

L'AIGLE ET LE HIBOU

A DUCIS

L'oiseau qui porte le tonnerre,
Disgracié, banni du céleste séjour
Par une cabale de cour,
S'en vint habiter sur la terre :
Il errait dans les bois, songeant à son malheur,
Triste, dégoûté de la vie,
Malade de la maladie
Que laisse après soi la grandeur.

Frustra curabat mutare armaria prudens,
  Ponere et insidias, evigilante cato;
Dramata, sublimes versus, ut sermo pedestris,
  Omnia murinæ pabula gentis erant:
Tum juxta periere heroum encomia, necnon
  Et quæ ruris opes carmina blanda canunt.
Scriptor ad hæc noster furiata mente dolere;
  (Vatum iræ properum novimus esse genus).
Inficit ergo die quadam atramenta veneno,
  Et sic lethifero signa liquore facit.
Venerunt mures corrodere, ut ante solebant,
  Atque mala cuncti disperiere nece.
Forte vicem hanc mures dicis meruisse voraces;
  Dissentire tamen tu mihi, spero, dabis.
Nam semel emisso libro non parcitur ulli,
  Et bonus impetitur non secus atque malus:
Triste suo sedenim calamo omnis dedecus addit,
  Ungit qui calamum felle venenifero.

FABULA XIX

AQUILA ET BUBO

AD DUCEM

Arte mala invidiæ superis a sedibus exul,
  In terrestre solum regia venit avis.
Illic passim deerrans angore dolebat acerbo,
  Qualis principibus corda gravare solet.
Audiit erronem in silva permulta querentem,
  Eque cava aspiciens ilice bubo docet.
Vivere, ait, felix poteris, tibi si tamen adsint
  Hæc tria: Pax primum, cumque labore salus.

Un vieux hibou du creux d'un hêtre,
L'entend gémir, se met à sa fenêtre,
Et lui prouve bientôt que la félicité
Consiste dans trois points : Travail, paix et santé.
L'aigle est touché de ce langage :
Mon frère, répond-il (les aigles t polis
Lorsqu'ils sont malheureux), que je vous trouve sage !
Combien votre raison, vos excellents avis,
M'inspirent le désir de vous voir davantage,
De vous imiter, si je puis !
Minerve en vous plaçant sur sa tête divine,
Connaissait bien tout votre prix ;
C'est avec elle, j'imagine,
Que vous en avez tant appris.
— Non, répond le hibou, j'ai bien peu de science ;
Mais je sais me suffire et j'aime le silence,
L'obscurité surtout. Quand je vois des oiseaux
Se disputer entre eux la force, le courage,
Ou la beauté du chant, ou celle du plumage,
Je ne me mêle point parmi tant de rivaux,
Et me tiens dans mon ermitage.
Si malheureusement, le matin, dans les bois,
Quelque étourneau bavard, quelque méchante pie,
M'aperçoit, aussitôt leurs glapissantes voix
Appellent de partout une troupe étourdie,
Qui me poursuit et m'injurie.
Je souffre, je me tais ; et, dans ce chamaillis,
Seul, de sang-froid, et sans colère,
M'esquivant doucement de taillis en taillis,
Je regagne à la fin ma retraite si chère.
Là, solitaire et libre, oubliant tous mes maux,
Je laisse les soucis, les craintes à la porte.
Voilà tout mon savoir : Je m'abstiens, je supporte ;
Ma sagesse est dans ces deux mots.

Bubonem exul avis recte dixisse probavit.
  Quam bene, respondet, frater amice, mones!
Non ululam hac felix esset dignata salute;
  Exilium at suasit dulcia verba dare.
Frater, quæ tua sit sapientia, visere crebro
  Te cupiam, et mores ipsa referre tuos.
Noverat hoc etenim, quanti sis, frater, habendus,
  Te sibi cum voluit docta Minerva sacrum.
Et, si te decorant ars atque scientia tanta,
  Hoc tibi donavit diva Minerva decus.
Non me adeo doctum jactare est, bubo reponit:
  Nil aveo; mihi enim, sum satis atque super.
Pauca loqui soleo placidus, quin imo tacere;
  Atque graves oculos fallere noctis amans.
Cum certant volucres cantu formave, recedo
  Nil palmæ curans nobile ferre decus.
Stridulus interdum sturnus per frondea tecta,
  Aut me, mane novo, garrula pica videt;
Ambo statim signum dant rauca voce strepentes,
  Et me avium gaudet lædere turba procax.
Ista silens patior; dumque omnia guttura miscent
  Garritum, aufugio clam celer inde domum.
Illic solus mecum, liberque in sede beata
  Sive graves curas arceo, sive metus.
Abstineo semper constans mihi, sustineoque;
  Et sophiam renuo longius ire meam.
Sublime ingenium, te multa laude coronant.
  Duci, cothurnato dramata ducta tibi;
Sed tibi, quæ vulgo tanti fit, gloria nil est
  Præ pace, insontes quæ beat alma sophos.
Æmulus Æschyleum dignus vincire cothurnum,
  Terres alternis flebiliterque moves;
Tunc scelera instaurans, aut infortunia regum,
  Magnum condis opus laudis amore duce.

Tu me l'as dit cent fois, cher Ducis, tes ouvrages,
    Tes beaux vers, tes nombreux succès,
Ne sont rien à tes yeux auprès de cette paix
    Que l'innocence donne aux sages.
Quand, de l'Eschyle anglais heureux imitateur,
    Je te vois, d'une main hardie,
    Porter sur la scène agrandie
Les crimes de Macbeth, de Léar le malheur,
La gloire est un besoin pour ton âme attendrie;
Mais elle est un fardeau pour ton sensible cœur.
Seul, au fond d'un désert, au bord d'une onde pure,
Tu ne veux que ta lyre, un saule et la nature :
    Le vain désir d'être oublié
    T'occupe et te charme sans cesse;
    Ah! souffre au moins que l'amitié
    Trompe en ce seul point ta sagesse.

FABLE XX

LE POISSON VOLANT

Certain poisson volant, mécontent de son sort,
    Disait à sa vieille grand'mère :
    Je ne sais comment je dois faire
    Pour me préserver de la mort.
De nos aigles marins je redoute la serre,
    Quand je m'élève dans les airs;
    Et les requins me font la guerre
    Quand je me plonge au fond des mers.
La vieille lui répond : Mon enfant, dans ce monde,
    Lorsqu'on n'est pas aigle ou requin,
Il faut tout doucement suivre un petit chemin,
En nageant près de l'air, en volant près de l'onde.

At simul hunc sentis, veluti grave pondus, amorem,
  Jam nimium ardorem tu cohibere studes.
Gaudes, dum sedeas rivi secretus in ora,
  Cumque lyra tibi sit fronde virente salix.
Oblitus gaudes, obliviscendus et idem;
  Ah! sine amicitiam, si meminisse velit.

FABULA XX

PISCIS VOLANS

Piscis erat quidam pariter de gente volantum,
  Cui fuerat semper sors sua grata parum.
Conveniens aviam : Bona mater, nescio, dixit,
  Devitare necem qua ratione queam.
Nam si forte ferar sublimior, ecce marinae
  Incutiunt volucres ungue rapace metum.
Altius at si mergar aquis, tunc horreo rursus,
  Ne me adeo squali, monstra pavenda, vorent.
Cui prudenter anus : Monitum, inquit, nate, memento
  Non tibi regnare est aere, neve mari.
Ergo aquila, aut squalus cum non sis, providus ito,
  Nec sublime volans, stagna nec alta petens.

FABLE XXI

LE CHAT ET LE MOINEAU

La prudence est bonne de soi !
Mais la pousser trop loin est une duperie.
    L'exemple suivant en fait foi.
Des moineaux habitaient dans une métairie.
Un beau champ de millet, voisin de la maison,
    Leur donnait du grain à foison.
Ces moineaux dans le champ passaient toute leur vie,
Occupés de gruger les épis de millet.
Le vieux chat du logis les guettait d'ordinaire,
Tournait et retournait; mais il avait beau faire,
Sitôt qu'il paraissait la bande s'envolait.
Comment les attraper? Notre vieux chat y songe,
    Médite, fouille en son cerveau,
Et trouve un tour tout neuf. Il va tremper dans l'eau
    Sa patte, dont il fait éponge.
Dans du millet en grain aussitôt il la plonge;
    Le grain s'attache tout autour.
Alors à cloche-pied, sans bruit, par un détour,
    Il va gagner le champ, s'y couche,
    Sa patte en l'air et sur le dos,
    Ne bougeant non plus qu'une souche.
Sa patte ressemblait à l'épi le plus gros ;
L'oiseau s'y méprenait, il approchait sans crainte,
Venait pour becqueter; de l'autre patte : crac !
    Voilà mon oiseau dans le sac.
    Il en prit vingt par cette feinte.
Un moineau s'aperçoit du piège scélérat,
    Et prudemment fuit la machine ;

FABULA XXI

FELIX ET PASSER

Recta sapit quicunque cavet moderanter, et idem
  Desipiet, cautus si volet esse nimis.
Hoc exempla queant non pauca ostendere verum;
  Hoc sedenim pariter fabula parva docet.
Villam olim passer delegerat incola multus;
  Nec milii juxta deerat opima seges.
Huc mane e nidis prædatrix turba ruebat,
  Ingluviem granis quotidiana replens.
Villica jam dudum fures speculata gulosos,
  Non absistebat felis obire locum.
At semper frustra; vix scilicet hostis adesse
  Visus erat, subito grex celerare fugam.
Qua tandem felis vigil occupet arte fugaces
  Non tenet; hinc pectus concutit omne vafra.
Jamque doli compos, festinat tingere plantam,
  Quæ tumet epota spongia sicut aqua.
Jam curat milio plantam mersare madentem,
  Quæ circa granis hirta deinde redit.
Ipsa viam tacite flectendo fallit agentes
  Excubias, et agrum fraude maligna subit.
Illic immota latet folia inter, granaque sursum
  Erecto ostendens ungue supina jacet.
Scite elatus erat pes divitis instar aristæ,
  Quæ fraus quamque avidam decipiebat avem.
Una ubi contigerat spicam secura dolosam,
  Icta erat ungue cito prensaque præda simul.
Passeribus fuerat jam multis machina letho,
  Uni cum tandem fraus scelerata patet.

Mais de ce jour il s'imagine
Que chaque épi de grain était patte de chat.
Au fond de son trou solitaire
Il se retire, et plus n'en sort,
Supporte la faim, la misère,
Et meurt pour éviter la mort.

FABLE XXII

LE ROI DE PERSE

Un roi de Perse, certain jour,
Chassait avec toute sa cour.
Il eut soif, et dans cette plaine,
On ne trouvait point de fontaine.
Près de là seulement était un grand jardin,
Rempli de beaux cédrats, d'oranges, de raisin :
A Dieu ne plaise que j'en mange !
Dit le roi : ce jardin courrait trop de danger :
Si je me permettais de cueillir une orange,
Mes visirs aussitôt mangeraient le verger.

Avolat hinc prudens, et justo cautior omnem
  Spicam felinum jam putat esse pedem.
Post igitur latebris in solis vivere secum
  Certus, non ultra fidit abire foras :
Qui misere enectus sensim mœrore fameque,
  Dat morti semet subripiendo neci.

FABULA XXII

REX PERSIDIS

Venatum exierat rex quidam Persidis olim,
  Regalisque simul venerat aula comes.
Interea princeps, æstu fervente, sitivit ;
  Nec fuit exiguus fons prope dulcis aquæ.
Lymphæ equidem nullæ, sed erant per amœna vireta
  Aurea mala citri, vitis et uva frequens :
Nec deerat pariter qui diceret aulicus, inde
  Supremum dominum posse levare sitim.
Rex vero, heus! dixit, minimum peccare quid esu,
  Res sit, nec dubie, perniciosa minis.
Quippe velim si ego rex unum vel tangere malum,
  Mox prædata meis tota vireta forent.

IMITATION
DE
QUELQUES EXTRAITS DE CORNEILLE

HÉRACLIUS
ACTE IV. — SCÈNE V

LÉONTINE à Phocas.

Le secret n'en est su ni de lui, ni de lui ;
Tu n'en sauras, non plus, les véritables causes :
Devine si tu peux, et choisis si tu l'oses.
L'un des deux est ton fils, l'autre ton empereur.
Tremble dans ton amour, tremble dans ta fureur.
Je te veux toujours voir, quoi que ta rage fasse,
Craindre ton ennemi dedans ta propre race,
Toujours aimer ton fils dedans ton ennemi,
Sans être ni tyran, ni père qu'à demi.
Tandis qu'autour des deux tu perdras ton étude,
Mon âme jouira de ton inquiétude ;
Je rirai de ta peine ; ou, si tu m'en punis,
Tu perdras avec moi le secret de ton fils.

IMITATA
QUÆDAM EXCERPTA E P. CORNELIO

HERACLIUS

ACTUS IV. — SCENA V

LEONTINA ad Phocam.
Hactenus hanc ego rem servavi mente repostam,
Quæ per me nondum est isti patefacta nec illi;
Hæc te cur lateat semper scrutabere frustra.
Conjice; vel si non hæc te alea terreat, aude
Eligere: istorum est unus tibi filius, alter
Legitimus princeps; tibi nunc in amore tremendum,
Inque furore tuo; tibi namque timendus uterque
Affectus, vindex cor habens alternus anhelum;
Comperto natum coram te stare vel hostem.
Te ergo, quantumvis tua sæviat ira, videbo
Cara in prole tua dubium aversarier hostem,
Et prolem vel in hoste tuam deamare tremendo,
Semper semipatrem, semper quoque semityrannum.
Dumque animum ancipitem studia in contraria curæ
Hinc illinc vertent, ego dulcia gaudia carpam;
Ridebo ambiguum, ridebo corde dolentem.

HORACE

ACTE I. — SCÈNE I.

SABINE.

Je suis Romaine, hélas ! puisque Horace est Romain ;
J'en ai reçu le titre en recevant sa main ;
Mais ce nœud me tiendrait en esclave enchaînée,
S'il m'empêchait de voir en quels lieux je suis née.
Albe, où j'ai commencé de respirer le jour,
Albe, mon cher pays, et mon premier amour,
Lorsqu'entre nous et toi je vois la guerre ouverte,
Je crains notre victoire autant que notre perte.
Rome, si tu te plains que c'est là te trahir,
Fais-toi des ennemis que je puisse haïr.
Quand je vois de tes murs leur armée et la nôtre,
Mes trois frères dans l'une et mon mari dans l'autre,
Puis-je former des vœux, et sans impiété,
Importuner le ciel pour ta félicité ?
Je sais que ton État, encore en sa naissance,
Ne saurait sans la guerre affermir sa puissance ;
Je sais qu'il doit s'accroître et que tes grands destins

Et mihi crudeles pœnas imponere si vis,
Me pereunte, simul mecum secreta peribunt,
Quæ penetrare cupis, mœrensque agitabere semper
Atque odio hostili, necnon et amore paterno,
Hoc super atque illo dubitans sit natus, an hostis.

HORATIUS

ACTUS I. — SCENA I.

SABINA.

Heu! Romana habeor, Romanus Horatius ex quo
Alba me abduxit sociam sibi jure marito.
At mihi serva forent, et non socialia vincla,
Alba si me ortam deinceps meminisse vetarer.
Alba, ubi luce frui cœpi, et vitalibus auris,
Alba, amor ante meus, necnon meus usque futura,
Inter te postquam furit et nos flebile bellum,
Ecce mihi est de te victa aut victrice dolere.
Arguar his ego te si dictis prodere, Roma,
Jam tibi quos hostes sit fas odisse moveto.
Quando mihi ante oculos exercitus astat uterque,
Et subit esse duos hinc fratres, inde maritum,
An possum alterutris, aversor si impia vota,
Orare ut faveat Deus, eventusque secundet?
Nempe tuo imperio bellis opus esse recenti
Aiunt, ut constet nondum stabilita potestas :
Te magis atque magis debere accrescere semper;

Ne se borneront pas chez les peuples latins ;
Que les dieux t'ont promis l'empire de la terre,
Et que tu n'en peux voir l'effet que par la guerre.
Bien loin de m'opposer à cette noble ardeur,
Qui suit l'arrêt des dieux et court à sa grandeur,
Je voudrais déjà voir tes troupes couronnées
D'un pas victorieux franchir les Pyrénées.
Va jusqu'en l'Orient pousser tes bataillons,
Va sur les bords du Rhin planter tes pavillons,
Fais trembler sous tes pas les colonnes d'Hercule,
Mais respecte une ville à qui tu dois Romule.
Ingrate, souviens-toi que du sang de ses rois
Tu tiens ton nom, tes murs et tes premières lois.
Albe est ton origine ; arrête et considère
Que tu portes le fer dans le sein de ta mère.
Tourne ailleurs les efforts de tes bras triomphants,
Sa joie éclatera dans l'heur de ses enfants ;
Et, se laissant ravir à l'amour maternelle,
Ses vœux seront pour toi, si tu n'es plus contre elle.

ACTE III. — SCÈNE VI

LE VIEIL HORACE.

Nous venez-vous, Julie, apprendre la victoire ?

JULIE.

Mais plutôt du combat les funestes effets.
Rome est sujette d'Albe, et vos fils sont défaits ;
Des trois les deux sont morts, son époux seul vous reste.

LE VIEIL HORACE.

O d'un triste combat effet vraiment funeste !
Rome est sujette d'Albe ! et, pour l'en garantir,

Te late dominam fines transire Latinos;
Te, qua terra patet, cunctos ditione tenere,
Dum nolis unquam suscepto absistere bello.
Regnandi hunc adeo nedum conspescere amorem
Invida contendam, contra immutabile fatum,
Imo triumphantes vellem spectare catervas
Ipsa tuas, omnisque super juga montis euntes.
I modo, duc acies extremi orientis ad oras;
I, jam tende procul vada propter cærula Rheni;
Jam tremere incipiant sub te adventante columnæ
Herculis; at saltem cunas vereare Quirini,
Impia, tu nunquam venias oblita priorum
Regum, queis nomen, leges et mœnia debes.
Alba ducis alumna genus; jam siste furorem,
Viscera neu tentes ferro lacerare parentis.
Virtutem vertas alio victriciaque arma;
Inclyta natorum recreabit gloria matrem.
Protinus ipsa tibi molitæ grandia plaudet,
Prudens desieris quando impia bella ciere.

ACTUS III. — SCENA VI

SENIOR HORATIUS.
An superasse refers certamine, Julia, nostros?
JULIA.
Quam vellem! Sedenim sors est contraria nostris.
Roma Albæ servit; nati tres, hoste premente,
Succubuere tui; consumptis morte duobus,
Unus nunc superest, sponsus qui dicitur hujus.
SENIOR HORATIUS.
O pugna infelix! o lamentabile fatum!
Roma Albæ servit! Nec per dispendia vitæ

Il n'a pas employé jusqu'au dernier soupir!
Non, non, cela n'est point; on vous trompe, Julie :
Rome n'est point sujette, ou mon fils est sans vie ;
Je connais mieux mon sang, il sait mieux son devoir.

JULIE.

Mille de nos remparts, comme moi, l'ont pu voir.
Il s'est fait admirer tant qu'ont duré ses frères ;
Mais quand il s'est vu seul contre trois adversaires,
Près d'être enfermé d'eux, sa fuite l'a sauvé.

LE VIEIL HORACE.

Et nos soldats trahis ne l'ont point achevé !
Dans leur rang à ce lâche ils ont donné retraite !

JULIE.

Je n'ai rien voulu voir, après cette défaite.

CAMILLE.

O mes frères !

LE VIEIL HORACE.

Tout beau ! ne les pleurez pas tous ;
Deux jouissent d'un sort dont leur père est jaloux.
Que des plus nobles fleurs leur tombe soit couverte;
La gloire de leur mort m'a payé de leur perte ;
Ce bonheur a suivi leur courage invaincu,
Qu'ils ont vu Rome libre autant qu'ils ont vécu,
Et ne l'auront point vue obéir qu'à son prince,
Ni d'un État voisin devenir la province.
Pleurez l'autre, pleurez l'irréparable affront
Que sa fuite honteuse imprime à notre front;

Cura jugum subiit nato prohibere pudendum;
Non tam grande nefas ausum est ; te decipit error,
Julia, certe aliquis ; non vero est Roma subacta ;
Filius aut saltem periit cum fratribus ille,
Quem superasse putas ; scio quo sit sanguine cretus,
Quoque modo officium, quodcunque est, impleat omne.

JULIA.

Mecum turba frequens videre ex mœnibus illum,
Dum steterunt fratres, laudari dignus et ipse
Perstitit; at quando fratres cecidere perempti,
Hostemque in triplicem fuit uni pugna ferenda,
Ut par esse nequit tribus invadentibus unus,
Salvo, sic reputa, prudens effugit honore.

SENIOR HORATIUS.

Salvum ne dicas, ubi sit fuga turpis, honorem.
Non ita salvus honos... At proditor iste suorum,
Quos merito exarsisse reor, fuit ense necatus,
Protinus atque infamis eos est ausus adire.

JULIA.

Quæ vidi audisti; quæ non sunt visa tacebo.

CAMILLA.

Proh dolor ! o fratres.

SENIOR HORATIUS.

Noli, mea filia, flere ;
Isto non opus est luctu, nec fletibus istis ;
Quippe tui fratres, saltem duo, vulnera passi
Adverso pulchram petierunt pectore mortem.
Quod decus exanimis pater invidet ipse superstes.
Defunctorum igitur tanta cum laude virorum
Floribus et festa donetur fronde sepulcrum,
Hinc et præclarum tollatur nomen ad astra !
Valde equidem doleo, dolet omnis sic pater orbus,
Ast heroibus his moriendo parta duobus

Pleurez le déshonneur de toute notre race
Et l'opprobre éternel qu'il laisse au nom d'Horace.

JULIE.

Que vouliez-vous qu'il fît contre trois ?

LE VIEIL HORACE.

Qu'il mourût !
Ou qu'un beau désespoir alors le secourût !
N'eût-il que d'un moment reculé sa défaite,
Rome eût été du moins un peu plus tard sujette ;
Il eût avec honneur laissé mes cheveux gris ;
Et c'était de sa vie un assez digne prix.
Il est de tout son sang comptable à sa patrie ;
Chaque goutte épargnée a sa gloire flétrie.
Chaque instant de sa vie, après ce lâche tour,
Met d'autant plus ma honte avec la sienne au jour.
J'en romprai bien le cours ; et ma juste colère,
Contre un indigne fils usant des droits d'un père,
Saura bien faire voir, dans sa punition,
L'éclatant désaveu d'une telle action.

Gloria, quanta meum solabitur usque dolorem!
Hoc etiam invictis cessit feliciter ipsis,
Quod, donec vixere, stetit quoque libera Roma,
Nec fuit interea non nostro obnoxia regi,
Jussa nec indignum provincia ferre tributum.
Tertius at natus, quam detestabile monstrum
Terque quaterque fuit! Quem tu, mea filia, luge;
Luge degenerem; luge indelebile nostri
Opprobrium generis; luge simul ante decorum
Nunc tam flebiliter fœdatum nomen Horati,
Ut sacer ille meus, sed non meus, abnego namque,
Turpiter evictus primum, dein turpius ausus
Idem est abjectis armis fugitare...

JULIA.

Sed unus
Tres contra ut faceret quid velles.

SENIOR HORATIUS.

Ut moreretur
Magnanime! et forsan nullam sperando salutem
Fausto esset casu salvatus. Nonne petendum
Hoc erat, ut miles (causam cui Roma tuendam
Crediderat, si non hostem superare valeret,
Servitiumque pati deberet patria fato),
Conaretur, uti saltem non tam cito Roma,
Roma prius regina, subesset in ordine servæ.
Talia conando, celebri clarebat honore
Filius, et cano dulcis meritusque parenti
Contingebat honos, qui multo est pluris habendus
Quam proprius sanguis, quam vitæ lumen amicum.
Debetur sanguis patriæ, debetur et omnis
Vita, et furatus quantum quis vindicat inde
Ipse sibi, tantum sibi et infert dedecus inde.
Ergo, quotquot erunt vitæ momenta deinceps,
Turpi fœdabunt probro natumque patremque,

ACTE V. — SCÈNE III.

LE VIEIL HORACE, défendant son fils.

Contre ce cher époux Valère en vain s'anime ;
Un premier mouvement ne fut jamais un crime ;
Et la louange est due au lieu du châtiment,
Quand la vertu produit ce premier mouvement.
Aimer nos ennemis avec idolâtrie,
De rage en leur trépas maudire la patrie,
Souhaiter à l'État un malheur infini,
C'est ce qu'on nomme crime, et ce qu'il a puni.
Le seul amour de Rome a sa main animée ;
Il serait innocent, s'il l'avait moins aimée.
Qu'ai-je dit, Sire? Il l'est, et ce bras paternel
L'aurait déjà puni, s'il était criminel ;
J'aurais su mieux user de l'entière puissance
Que me donnent sur lui les droits de la naissance ;
J'aime trop l'honneur, Sire, et ne suis point de rang
A souffrir ni d'affront ni de crime en mon sang.
C'est dont je ne veux point de témoin que Valère.
Il a vu quel accueil lui gardait ma colère,
Lorsqu'ignorant encor la moitié du combat,
Je croyais que sa fuite avait trahi l'État.
Qui le fait se charger des soins de ma famille ?
Qui le fait, malgré moi, vouloir venger ma fille ?
Et par quelle raison, dans son juste trépas,
Prend-il un intérêt qu'un père ne prend pas ?

Quod tamen ut non sit proprium pater ipse cavebo;
Novi quid possim, fas novi jusque parentum,
Natum jure meo vecordem occidere certum est,
Fiat ut exemplum labem sibi ne quis inurat,
Indigne dubitando mori, cum vincere non sit.

ACTUS V. — SCENA III.

DICTIO SENIORIS HORATII, pro filio reo.
Invehere in sponsum dictis violentius istum,
Tu, Valeri : an vero est merito clamare nefandum
Tunc scelus, egit ubi præceps nimis ipsa voluntas?
Non pœnam ille meret certe, sed præmia quisquis
Ad facinus propere sola virtute movetur.
Sed facinus quale est? Hostes ardenter amantem,
Hostibus et cæsis, patriæ eamdem dira precatam,
Nimirum ut rueret ferro populata vel igni,
Ipse meus sponsam mactavit filius ultor;
Quod scelus haud unquam, facinus sed labor honestum.
Adversus Romam nimis inflammatus amore
Sæviit; at vere foret insons criminis idem,
Si tamen in tantum non dilexisset eamdem.
Sons imo meus est nullatenus, assero; namque
Culpam, si qua foret, mulctassem vindice pœna,
Ipse mea hacce manu, confisus jure paterno,
Quale patri in natos fecit lex optima sontes.
Quin, rex, ipse mihi videor generosior esse,
Quam scelus ut patiar per quodvis nempe meorum
Fœdari opprobrio tam pulchrum nomen Horati.
Quod sic vera loquar, te jam, Valeri, invoco testem.
Nam te non latuit, quas pœnas ante minarer,
Nati quando fuga, fuerat quæ credita turpis,
Tum mihi, tum patriæ labem arbitrabar inustam.

On craint qu'après sa sœur il n'en maltraite d'autres !
Sire, nous n'avons part qu'à la honte des nôtres,
Et de quelque façon qu'un autre puisse agir,
Qui ne nous touche point ne nous fait point rougir.
Tu peux pleurer, Valère, et même aux yeux d'Horace ;
Il ne prend intérêt qu'aux crimes de sa race :
Qui n'est point de son sang ne peut faire d'affront
Aux lauriers immortels qui lui ceignent le front.
Lauriers, rameaux sacrés qu'on veut réduire en poudre,
Vous, qui mettez sa tête à couvert de la foudre,
L'abandonnerez-vous à l'infâme couteau
Qui fait choir les méchants sous la main d'un bourreau ?
Romains, souffrirez-vous qu'on vous immole un homme
Sans qui Rome aujourd'hui cesserait d'être Rome,
Et qu'un Romain s'efforce à tacher le renom
D'un guerrier à qui tous doivent un si beau nom ?
Dis, Valère, dis-nous, si tu veux qu'il périsse,
Où tu penses choisir un lieu pour son supplice ?
Sera-ce entre ces murs que mille et mille voix
Font résonner encor du bruit de ses exploits ?
Sera-ce hors des murs, au milieu de ces places
Qu'on voit fumer encor du sang des Curiaces ;
Entre leurs trois tombeaux, et dans ce champ d'honneur
Témoin de sa vaillance et de notre bonheur ?
Tu ne saurais cacher sa peine à sa victoire :
Dans les murs, hors des murs, tout parle de sa gloire ;
Tout s'oppose à l'effort de ton injuste amour,
Qui veut d'un si bon sang souiller un si beau jour.
Albe ne pourra pas souffrir un tel spectacle,
Et Rome par ses pleurs y mettra trop d'obstacles.
Vous les préviendrez, Sire, et, par un juste arrêt,
Vous saurez embrasser bien mieux son intérêt.
Ce qu'il a fait pour elle il peut encor le faire :
Il peut la garantir encor d'un sort contraire.

Sed curam hanc, Valeri, tu nostræ impendere genti
Unde studes, natamque invito ulciscere patre,
Dignam quam fratris germani tolleret ensis.
Cur studia ostentans alieno in funere tanta,
Tu pietate ipsum tendis superare parentem!
— At cæsæ pœnas si non dabit ille sororis,
Næ posthæc alias ferro violabit inultus?
Rex, non esse solent nobis aliena pudori
Peccata; idque piget solum quod pertinet ad nos.
Idcirco, Valeri, te testis Horatius ipse
Te lacrymare volet, quantum lacrymare juvabit.
Huicce viro curæ est tantummodo culpa suorum.
Ast ubi quis non est cognato sanguine cretus,
Non turpare queat decorantes tempora lauros.
Sacratæ lauri, vos, gloria frontis ovantum,
Quas vilem in cinerem nunc tentat vertere livor,
Quæ caput a tristi servatis fulmine tutum,
Hunccine jam gladio feriente perire sinetis,
Infami gladio, fumante cruore nocentum!
Vos, o Romani, vos hunc heroa feretis
Exanimem, sine quo jam non foret inclyta Roma:
Unum et Romanum velle addere dedecus illi,
Per quem Romano est nomen jactare decorum.
Dic, age, dic, Valeri, si ad pœnas huncce reposces,
Dic ubi tantus vir, quem tu mentire scelestum,
Dic ubinam pœnas queat ille subire decenter?
Anne intra muros, ubi gaudia plausibus omnes
Edunt, atque hujus celebrant insignia facta:
Anne extra muros, tellus ubi sanguine fumat
Devicto, atque trium juxta illa sepulcra jacentum,
Regnum ubi vir nobis tanta virtute paravit.
Semper erit pœnæ victoria testis ibidem.
Hujus enim muros intra celebratur et extra
Gloria, quæ contra livorem heroa tuetur,

Sire, ne donnez rien à mes débiles ans :
Rome aujourd'hui m'a vu père de quatre enfants ;
Trois en ce même jour sont morts pour sa querelle :
Il m'en reste encore un ; conservez-le pour elle :
N'ôtez pas à ses murs un si puissant appui,
Et souffrez, pour finir, que je m'adresse à lui.
Horace, ne crois pas que le peuple stupide
Soit le maître absolu d'un renom bien solide.
Sa voix tumultueuse assez souvent fait bruit,
Mais un moment l'élève, un moment le détruit,
Et ce qu'il contribue à notre renommée
Toujours en moins de rien se dissipe en fumée. [faits
C'est aux rois, c'est aux grands, c'est aux esprits bien
A voir la vertu pleine en ses moindres effets :
C'est d'eux seuls qu'on reçoit la véritable gloire ;
Eux seuls des vrais héros assurent la mémoire.
Vis toujours en Horace, et toujours auprès d'eux
Ton nom demeurera grand, illustre, fameux,
Bien que l'occasion moins haute ou moins brillante
D'un vulgaire ignorant trompe l'injuste attente.
Ne hais donc plus la vie, et du moins vis pour moi,
Et pour servir encor ton pays et ton roi.
Sire, j'en ai trop dit ; mais l'affaire vous touche,
Et Rome tout entière a parlé par ma bouche.

Supplicii opprobrium superans victoris honore.
Victorem ergo mori qui posset ferre vel Alba
Facta minor? Sedenim fletu et clamore secundo
Princeps Roma dehinc mortem prohibebit iniquam.
Sed tua, rex, Romæ sententia justa præibit
Patronæ, cui res melius curabitur inde.
En iterum poterit potuit quod filius olim,
Romam nempe armis victor fulcire labantem,
Imperiumque illi defendere ab hoste petitum.
Jam nihil ipse meæ, Princeps, concede senectæ;
Me quatuor natis accinctum, prole superba,
Roma hodie vidit; sed jam tres abstulit a me
Ob patriam una dies animose vulnera passos.
Unus adhuc superest; quem tu servare memento
Pro patria, o princeps, ut sit tutamen in armis,
Ad quem conversus, liceat si, nunc ego fabor.
Quidquid erit deinceps, tu noli credere, Horati,
Esse penes vulgus fama insignire perenni,
Cui vox interdum resonat ceu clangor ad aures;
Momento amplificat nomen tenuatque vicissim.
Nobis et si quid donavit laudis habere,
In fumum et tenuem subito dilabitur auram.
Est regum, est quotquot sublimi mente viri sunt,
Effectu in minimo virtutem cernere plenam:
Ex ipsis tantum contingit gloria vera,
Fama simul quam nulla dies memori eximet ævo.
Vive tuo semper patre dignus Horatius; et jam
Semper apud proceres vivet tibi nobile nomen;
Etsi multoties non edere grandia detur,
Qualiter exspectet malesanum et futile vulgus.
Ergo vivere ama, mihi saltem, nate, parenti;
Vive simul patriæ semper cum rege tuendæ.
Hæc ego forte nimis, rex, dixi multa; sed ad te
Spectat res; per me sic tota est Roma locuta.

CINNA

ACTE I. — SCÈNE III

CINNA.

Plût à Dieu que vous-même eussiez vu de quel zèle
Cette troupe entreprend une action si belle!
Au seul nom de César, d'Auguste, d'empereur,
Vous eussiez vu leurs yeux s'enflammer de fureur,
Et, dans un même instant, par un effet contraire,
Leur front pâlir d'horreur, et rougir de colère.
Amis, leur ai-je dit, voici le jour heureux,
Qui doit conclure enfin nos desseins généreux :
Le ciel entre nos mains a mis le sort de Rome,
Et son salut dépend de la perte d'un homme,
Si l'on doit le nom d'homme à qui n'a rien d'humain,
A ce tigre altéré de tout le sang romain :
Combien pour le répandre a-t-il formé de brigues!
Combien de fois changé de partis et de ligues,
Tantôt ami d'Antoine et tantôt ennemi,
Et jamais insolent ni cruel à demi!
   Là, par un long récit de toutes les misères,
Que durant notre enfance ont enduré nos pères,
Renouvelant leur haine avec leur souvenir,
Je redouble en leur cœur l'ardeur de le punir.
Je leur fais des tableaux de ces tristes batailles,
Où Rome par ses mains déchirait ses entrailles,
Où l'aigle abattait l'aigle, et, de chaque côté,
Nos légions s'armaient contre leur liberté;
Où les meilleurs soldats et les chefs les plus braves
Mettaient toute leur gloire à devenir esclaves;

CINNA

ACTUS I. — SCENA III.

CINNA.

Vidisses utinam quam pulchro incensa furore,
Nobile in hoc facinus manus audeat illa fidelis!
Cæsaris ut nomen tantum sonat, atque nepotis
Augusti, aut etiam jus imperiale refertur,
Ecce omnes frendunt socii, et flammantia torquent
Lumina; tanto et eis irarum fluctuat æstu
Cor tumidum, ut rubeant pallescantque ora vicissim.
Ilis super exclamo : Socii, nunc denique votis,
Fortibus atque ausis finem sperate secundum.
Jam Romæ in vobis sors omnis vertitur : ergo
Iste homo dispereat, quo Roma est salva perempto;
Si dicendus homo est, humani qui nihil unquam
Exhibuit, contra qui sævæ tigridis instar,
Romano potuit satiari sanguine nondum.
Fraudes sanguineus quoties tentavit iniquas,
Diversaque stetit quoties pro parte dolosus?
Continuo ambiguus, quem nunc Antonius hostem
Hostis habet, jactans nunc rursus amicus amicum,
Semiprocax nunquam, pariter nec semicruentus.
Jam prima repetens ab origine cuncta revolvo
Tristia, quæ, nobis pueris, subiere parentes ;
Ilis iras acuo stimulis, et conscius omnis
Ultrici exardet pœna mulctare merentem.
Tum refero memorans hæc bella atrocia, quando
Flebile vertebat Roma in sua viscera ferrum.
Quando aquilas aquilæ sternebant ; quando cohortes

Où, pour mieux assurer la honte de leurs fers,
Tous voulaient à leur chaîne attacher l'univers ;
Et l'exécrable honneur de lui donner un maître
Faisant aimer à tous l'infâme nom de traître,
Romains contre Romains, parents contre parents,
Combattaient seulement pour le choix des tyrans.
J'ajoute à ces tableaux la peinture effroyable
De leur discorde impie, affreuse, inexorable,
Funeste aux gens de bien, aux riches, au sénat,
Et, pour tout dire enfin, de leur triumvirat.
Mais je ne trouve point de couleurs assez noires
Pour en représenter les tragiques histoires :
Je les peins dans le meurtre à l'envi triomphants,
Rome entière noyée au sang de ses enfants ;
Les uns assassinés dans les places publiques,
Les autres dans le sein de leurs dieux domestiques ;
Le méchant par le prix au crime encouragé,
Le mari par sa femme en son lit égorgé ;
Le fils tout dégouttant du meurtre de son père,
Et, sa tête à la main, demandant son salaire ;
Sans pouvoir exprimer par tant d'horribles traits
Qu'un crayon imparfait de leur sanglante paix.
Vous dirai-je les noms de ces grands personnages,
Dont j'ai dépeint les morts pour aigrir les courages,
De ces fameux proscrits, ces demi-dieux mortels,
Qu'on a sacrifiés jusque sur les autels ?
Mais pourrais-je vous dire à quelle impatience,
A quels frémissements, à quelle violence
Ces indignes trépas, quoique mal figurés,
Ont porté les esprits de tous nos conjurés ?
Je n'ai point perdu temps ; et, voyant leur colère
Au point de ne rien craindre, en état de tout faire,
J'ajoute en peu de mots : Toutes ces cruautés,
La perte de nos biens et de nos libertés,

In libertatem cognatæ utrinque ruebant ;
Optimus atque simul famoso cum duce miles
Tanquam grande decus domino servire petebat ;
Quando, sibi ut premerent servi servilia vincla,
Secum intendebant orbem conjungere servum ;
Demissisque animis indigne ad turpia quævis,
Perfidiæ horrendæ fiebat amabile nomen ;
Romani et contra Romanos mutua quando
Prælia miscebant, munus velut esset honestum,
Fraterna summum laturi strage potentem.
Inde trium fuerit fœdus quam triste virorum
Istorum, quam triste bonis, quam triste notandis
Inter nummatos, quam triste et patribus ipsis,
Lugeo : quo certe tam tristi fœdere nunquam
Sæviit in terris violentius ulla tyrannis.
Non iterare tamen vera sub imagine possum
Quemque tyrannorum studio certante furentem,
Quantas edentem strages et funera quanta,
Immane et quantum lacrymoso dramate ovantem !
Insuper undantem civili sanguine Romam ;
Multos in plateis crudeliter ense necatos ;
Multos ante lares, contempto numine, divos ;
Jamque malum quemvis pretio ad scelus omne vocatum ;
Jamque virum in lecto scelerata a conjuge cæsum ;
Jamque patris natum fumantem cæde, manuque
Præ caput infami pacto venale ferentem ;
Quæ cuncta in tantum sæva, atque horrenda relatu
Sanguineæ istorum vix munus pacis adumbrant.
Anne viros memorem, clarissima nomina, tantos ;
Quos, odia exstimulans sociorum in corde dolenti,
Exhibeo miseros truculenta morte cadentes,
Dum non ipsa potest venerabilis ara tueri ;
Tum vero ira subit quanta omnes ! quantus et ardor
Cum fremitu, meritum mulctandi vindice pœna

Le ravage des champs, le pillage des villes,
Et les proscriptions et les guerres civiles,
Sont les degrés sanglants dont Auguste a fait choix
Pour monter sur le trône et nous donner des lois.
Mais nous pouvons changer un destin si funeste,
Puisque des trois tyrans c'est le seul qui nous reste ;
Et que, juste une fois, il s'est privé d'appui,
Perdant, pour régner seul, deux méchants comme lui.
Lui mort, nous n'avons point de vengeur ni de maître ;
Avec la liberté Rome s'en va renaître ;
Et nous mériterons le nom de vrais Romains,
Si le joug qui l'accable est brisé par nos mains.
Prenons l'occasion, tandis qu'elle est propice :
Demain au Capitole il fait un sacrifice ;
Qu'il en soit la victime ; et faisons en ces lieux
Justice à tout le monde à la face des dieux.
Là presque pour sa suite il n'a que notre troupe ;
C'est de ma main qu'il prend et l'encens et la coupe ;
Et je veux pour signal que cette même main
Lui donne au lieu d'encens du poignard dans le sein.
Ainsi d'un coup mortel la victime frappée
Fera voir si je suis du sang du grand Pompée ;
Faites voir après moi si vous vous souvenez
Des illustres aïeux de qui vous êtes nés.
A peine ai-je achevé que chacun renouvelle,
Par un noble serment, le vœu d'être fidèle :
L'occasion leur plaît ; mais chacun veut pour soi
L'honneur du premier coup que j'ai choisi pour moi.
La raison règle enfin l'ardeur qui les emporte :
Maxime et la moitié s'assurent de la porte ;
L'autre moitié me suit, et doit l'environner,
Prête au moindre signal que je voudrai donner.

Carnificem Augustum, mandato cujus atroci
Tot capita inclemens demessuit inclyta ferrum.
Quare adeo justa sociis ardentibus ira,
Audere ut possent in cuncta, nihilque pavere,
Quæ vobis, inquam, retuli crudelia facta,
Perdita libertas, violentius et bona rapta,
Depopulati et agri, prædata a milite duro
Oppida, ferales tabulæ, et civilia bella,
Sunt funestæ artes, per quas regnare gradatim
Contigit Augusto, nobisque imponere leges.
Sed fas mutare est hæc tam contraria fata,
Unus cum superet feliciter ille triumvir;
Tutamenque sibi, saltem semel æquus, ademit,
Nempe nefas geminum cum sustulit, unus ut ipse
Et Romæ et cuncto posset dominarier orbi.
Hoc igitur cæso, dominus jam deficit alter,
Et vindex : sedenim cum libertate resurget
Libera Roma, et nos meriti, pro munere tanto,
Romani vere, fama celebrante, feremur,
Si quod passa jugum Roma est frangemus iniquum.
Cuncta igitur nobis cum jam fortuna secundet,
Ocius utamur prudentes tempore dextro.
In Capitolina certo cras æde litabit
Augustus; gladio ipse prior cadat hostia par est;
Sanguine det scelerum pœnas mactatus ad aram,
Atque satisfiat patriæ sic jure volenti.
Nostri forte adsunt hunc juxta tunc fere soli,
Quin et ei cum thure scyphum mea dextera tendit ;
At, signum funebre ferens pro thuris honore,
Isti tunc eadem gladium sub pectore condet.
Vulnere lethifero jam talis victima strata
Cnæi me magni generoso sanguine cretum
Arguet; hinc et vos memores estote parentum,
Et tantos referat vestra ipsos æmula virtus.

ACTE IV. — SCÈNE III.

AUGUSTE.

Ciel ! à qui voulez-vous désormais que je fie
Les secrets de mon âme et le soin de ma vie ?
Reprenez le pouvoir que vous m'avez commis,
Si, donnant des sujets, il ôte des amis ;
Si tel est le destin des grandeurs souveraines,
Que leurs plus grands bienfaits n'attirent que des haines ;
Et si votre rigueur les condamne à chérir
Ceux que vous animez à les faire périr. [craindre.
Pour elles rien n'est sûr ; qui peut tout doit tout
Rentre en toi-même, Octave, et cesse de te plaindre.
Quoi ! tu veux qu'on t'épargne, et n'as rien épargné,
Songe aux fleuves de sang où ton bras s'est baigné,
De combien ont rougi les champs de Macédoine,
Combien en a versé la défaite d'Antoine,
Combien celle de Sexte ; et revois tout d'un temps
Pérouse au sien noyée, et tous ses habitants :
Remets dans ton esprit, après tant de carnages,
De tes proscriptions les sanglantes images,
Où, toi-même des tiens devenu le bourreau,
Au sein de ton tuteur enfonças le couteau :

Vix ea fatus eram, socii cum protinus omnes
Certatim jurant iterum promissa daturos :
Tempus item laudant aptum, repetuntque prioris
Ictus quisque sibi, dignus quam vindico, laudem.
Suadet uti ratio, partimur singula tandem.
Maximus ante fores, media cum parte resistet
Commodus; altera pars præeunti pone subibunt,
Atque dato prompti signo mandata facessent.

ACTUS IV. — SCENA III

AUGUSTUS.

Quis mihi nunc superest tam certus tamque fidelis
Cui curas animi, cui vitam credere possim !
Me nunc, summe Deus, tædet regnare potentem,
Si non esse volunt, ex quo regnantur, amici.
Si fuero nunquam supremos nactus honores,
Quin odia ardescant in me suprema perinde,
Si, mandante Deo, vel eos deamare necessum,
Quorum sævit atrox in me violentius ira !
Principibus licuit securis vivere nusquam,
Et qui cuncta potest, debet quoque cuncta timere.
  In te sed rediens, Octavi, mitte querelas ;
Tu tibi vis parci, et voluisti parcere nulli.
Hæc tecum reputa, quam multos sanguis inundans
Te duce, fœdarit campos; quantusque Philippos
Cæde cruentatos misera tremefecerit horror !
Nonne tibi nuper victoria sanguinis unda
Parta fuit, seu quando tuis Antonius armis
Inferior cessit, seu quando navibus impar,
Tanta clade fuit Sextus certando fugatus,
Passim et viderunt Perusini stragis acervos,

Et puis, ose accuser le destin d'injustice,
Quand tu vois que les tiens s'arment pour ton supplice ;
Et que, par ton exemple, à ta perte guidés,
Ils violent des droits que tu n'as pas gardés !
Leur trahison est juste, et le ciel l'autorise :
Quitte ta dignité comme tu l'as acquise ;
Rends un sang infidèle à l'infidélité,
Et souffre des ingrats, après l'avoir été.
  Mais que mon jugement au besoin m'abandonne !
Quelle fureur, Cinna, m'accuse et te pardonne,
Toi, dont la trahison me force à retenir
Ce pouvoir souverain, dont tu veux me punir,
Me traite en criminel, et fait seule mon crime,
Relève, pour l'abattre, un trône illégitime,
Et, d'un zèle effronté couvrant son attentat,
S'oppose, pour me perdre, au bonheur de l'État ?
Donc, jusqu'à l'oublier je pourrais me contraindre !
Tu vivrais en repos, après m'avoir fait craindre !
Non, non, je me trahis moi-même d'y penser :
Qui pardonne aisément invite à l'offenser :
Punissons l'assassin, proscrivons les complices.
  Mais quoi ! toujours du sang, et toujours des sup-
Ma cruauté se lasse et ne peut s'arrêter ;   [plices !
Je veux me faire craindre et ne fais qu'irriter.
Rome a pour ma ruine une hydre trop fertile ;
Une tête coupée en fait renaître mille ;
Et le sang répandu de mille conjurés
Rend mes jours plus maudits et non plus assurés.
Octave, n'attends plus le coup d'un nouveau Brute,
Meurs, et dérobe-lui la gloire de ta chute ;
Meurs, tu ferais pour vivre un lâche et vain effort,
Si tant de gens de cœur font des vœux pour ta mort,
Et si tout ce que Rome a d'illustre jeunesse
Pour te faire périr tour à tour s'intéresse ;

Cumque reum tantæ strages cum funere tanto
Te condemnarint, succedat imago cruenta,
Tot proscriptorum cum sanguine Roma natavit ;
Tuque nefas tentans horrendum cæde tuorum,
Tutorem ipse tuum ter barbarus ipse necasti...
Jam querere injustum, querere implacabile fatum,
Si nunc, irarum stimulis agitantibus, ardent
Te mulctare tui sceleratum vindice pœna ;
Impia quæ dederis si nunc exempla secuti,
Jura in te violent, a te violata priore!
Si te fraude petant, cœlo petiere probante. —
Pone potestatem, juris contemptor adepte!
Debitor infidos infido sanguine placa,
Atque vicem ingratos ingrato reddere suffer ! —
Sed quo mente vagor? Quæ nunc me insania versat?
Quisnam, Cinna, furor mihi sævus, sed tibi clemens,
Me simul accusat, simul et tibi parcere cogit,
Cujus perfidia jubeor servare molestum
Imperium, aut certe lethali occumbere ferro.
Actus ego in facinus per te, tunc debeo pœnas,
Quas non deberem monitis melioribus usus ;
Erigitur per te posthac quatienda potestas
Injusta, atque scelus studiis ardentibus atrum
Dum celas audax, magna ruere omnia clade
En cupis, ut tanta simul obruar ipse ruina,
Mene tuo sceleri veniam concedere tanto!
Teque mihi domino metuendum impune fuisse!
Non ita, non ita sit : ni malim proditor esse
Ipse mei, et parcens armare improvidus hostem.
Ergo det pœnas inimicus, dentque merentes
Quos fecit socios sceleris sicarius iste!

  Sed quid ego hæc agito ? Semperne ultricibus iras
Accendi flammis, et cuncta cruore natare,
Hoc juvat? Et sævire piget, nec fessa quiescit

Meurs, puisque c'est un mal que tu ne peux guérir ;
Meurs enfin, puisqu'il faut ou tout perdre ou mourir,
La vie est peu de chose, et le peu qui t'en reste
Ne vaut pas l'acheter par un prix si funeste :
Meurs, mais quitte du moins la vie avec éclat ;
Éteins-en le flambeau dans le sang de l'ingrat ;
A toi-même, en mourant, immole ce perfide ;
Contentant ses désirs, punis son parricide,
Fais un tourment pour lui de ton propre trépas,
En faisant qu'il le voie et n'en jouisse pas.
Mais jouissons plutôt nous-même de sa peine,
Et si Rome nous hait, triomphons de sa haine.
O Romains ! ô vengeance ! ô pouvoir absolu !
O rigoureux combat d'un cœur irrésolu,
Qui fuit en même temps tout ce qu'il se propose !
D'un prince malheureux ordonnez quelque chose !
Qui des deux dois-je suivre, et duquel m'éloigner ?
Ou laissez-moi périr, ou laissez-moi régner.

Sævities : equidem volui imperitare ciendo
Terrorem; sed terror abest; odiumque subivit.
Multiplicem nimio Roma in me suscitat hydram,
Unoque avulso, capitum jam millia surgunt
Altera; item cives mulctavi morte frequentes
De conjuratis mihi vitam abrumpere ferro ;
At crescunt odia, et majora pericula vitæ.
 Ne sit ut, Octavi, te Brutus vulneret alter;
Tu morere ipse volens: morere, et nece perfidus ista
Nunquam se jactare queat sicarius ullus.
Sic morere, ut melius ; nam frustra inglorius optas
Vivere, quando tibi tot fortes dira precentur,
Illorum et juvenum, queis bellica Roma superbit,
Unusquisque gerens odium immortale tyrannis,
Summos alternis, te cæso, affectet honores.
Ergo mori restat, cum nulla sit hinc fuga mortis,
Et cum laude mori, vel secum perdere cuncta.
Jam vitæ tempus totum æstimo vile; sed illud
Quod mihi nunc superest tantillum, pluris ematur
Quam decet, hacce velim si inhonesta vivere lege.
Eia age, magnanimis, pro laude paciscere vitam;
Illius aut extingue facem cum sanguine sontis.
Perfidus ille tibi morienti victima fiat!
Et, voti compos, pœnas homicida rependat!
Nex tua spontenecem subeuntis torqueat ipsum,
Et testis nequeat gaudere fruique videndo!
Nos imo ipsius vehemente dolore fruamur!
Nos si Roma odit, nobis sit et inde triumphus?
O vos Romulidæ! ò vindicta! ò summa potestas!
O animi ancipitis nimio luctamen anhelum!
Quando eadem suggesta petitque fugitque vicissim!
Jam nunc de misero statuatis principe tandem.
Utram me in partem constantius expedit ire?
Ne prohibete mori, vel me regnare jubete.

ACTE V. — SCÈNE III.

AUGUSTE.

En est-ce assez, ô ciel! Et le sort, pour me nuire,
A-t-il quelqu'un des miens qu'il veuille encor séduire?
Qu'il joigne à ses efforts le secours des enfers,
Je suis maître de moi comme de l'univers ;
Je le suis, je veux l'être. O siècles! ô mémoire!
Conservez à jamais ma dernière victoire :
Je triomphe aujourd'hui du plus juste courroux
De qui le souvenir puisse aller jusqu'à vous.
 Soyons amis, Cinna, c'est moi qui t'en convie :
Comme à mon ennemi je t'ai donné la vie;
Et, malgré la fureur de ton lâche dessein,
Je te la donne encor comme à mon assassin.
Commençons un combat qui montre par l'issue
Qui l'aura mieux de nous ou donnée ou reçue.
Tu trahis mes bienfaits, je veux les redoubler;
Je t'en avais comblé, je veux t'en accabler.
Avec cette beauté que je t'avais donnée,
Reçois le consulat pour la prochaine année.

ACTUS V. — SCENA III

AUGUSTUS.

Anne mihi exhaustum satis est? Superatque meorum
Unus adhuc, quem sors, adeo mihi semper acerba,
Ut male dispeream stimulans, hostiliter armet?
Sed violenta olim, violentior ingruat et nunc;
Quin imo infernum contra me suscitet agmen;
Teste Deo, illius furor excidet irritus omnis.
Namque potens mundi, volo me jactare potentem
Ipse mei; volo sic, stabitque immota voluntas
Usque animo; vincam, prout est mihi vincere certum;
Vincam, iræ memoris cæcos superando furores;
Vincam; victori, vos, postera, plaudite, secla !
Nulla armis unquam fuerit victoria tanta,
Nullaque digna magis quæ vestra laude feratur.

Ergo, Cinna, dehinc, simus constanter amici !
Sic tibi, ut exopto, proprium sit vivere mecum.
Jam te olim volui victum servare vel hostem
Parcendo; en hodie ferro tibi parco petitus.
Eia age, donator simul et donatus amice,
Decertemus utrum, concesso munere vitæ,
Debeat emeritum contingere gloria major.
Pulchre ego donavi, tu pulchrius utere donis,
Et vinces. Quondam non gratus dona tulisti
Tu mea; persto tamen plura et meliora daturus,
Ut sis donorum ceu grandi pondere pressus.
Antea jam per me sociali jure dicatus
Æmiliæ, nunc jus et consulis accipe fasces.

TABLE DES MATIÈRES

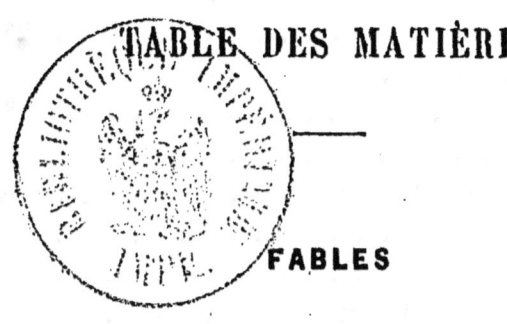

FABLES

L'Aveugle et le Paralytique.	51
L'Avare et son Fils.	183
L'Ane et la Flûte.	219
L'Auteur et les Souris.	253
L'Aigle et le Hibou.	255
Le Bœuf, le Cheval et l'Ane.	21
Le Bonhomme et le Trésor.	57
La Brebis et le Chien.	66
Le Bouvreuil et le Corbeau.	79
La Balance de Minos.	141
Le Berger et le Rossignol.	209
La Carpe et les Carpillons.	7
Le Chat et le Miroir.	10
Le Calife juste.	23
Le Chien et le Chat.	27
Chloé et l'Abeille.	33
Le Château de cartes.	57
Le Chat et la Lunette	41
Le Cheval et le Poulain.	81

TABLE DES MATIÈRES.

La Chenille.	143
Le Courtisan et le Dieu Protée.	105
La Colombe et son Nourrisson.	215
Le Chat et les Rats.	233
Le Crocodile et l'Esturgeon.	237
Le Charlatan.	249
Le Chien coupable.	249
Le Chat et le Moineau.	261
Les Deux Voyageurs.	15
Les Deux Jardiniers.	27
Les Deux Chats.	71
Le Danseur de corde et le Balancier.	99
Les Deux Persans.	105
Les Deux Bacheliers.	115
Le Dervis, la Corneille et le Faucon.	157
Les Deux Paysans et le Nuage.	203
Les Deux Lions.	211
Les Deux Chauves.	227
L'Enfant et le Miroir.	77
L'Eléphant blanc.	81
L'Éducation du lion.	93
Les Enfants et les Perdreaux.	147
L'Écureuil, le Chien et le Renard.	163
La Fable et la Vérité.	5
La Fauvette et le Rossignol.	195
Le Grillon.	96
La Guenon, le Singe et la Noix.	207
La Guêpe et l'Abeille.	243
L'Hermine, le Castor et le Sanglier.	143
Le Hibou, le Chat, l'Oison et le Rat.	153
Le Hibou et le Pigeon.	169
L'Habit d'Arlequin.	185
Le Hérisson et les Lapins.	245
L'Inondation.	111

TABLE DES MATIÈRES.

Le Jeune homme et le Vieillard	45
La Jeune Poule et le Vieux Renard	101
Le Lierre et le Thym	59
Le Lièvre, ses Amis et les Deux Chevreuils	123
Le Laboureur de Castille	177
Le Lapin et la Sarcelle	187
Le Léopard et l'Écureuil	227
La Mort	35
La Mère, l'Enfant et les Sarigues	55
Myson	107
Le Milan et le Pigeon	193
Le Miroir de la vérité	201
Le Phénix	87
La Pie et la Colombe	89
Le Perroquet	149
Le Parricide	157
Le Pacha et le Dervis	173
Le Paon, les Deux Oisons et le Plongeon	181
Le Philosophe et le Chat-huant	197
Le Procès des deux renards	199
Le Paysan et la Rivière	221
Le Prêtre de Jupiter	223
Pan et la Fortune	229
Le Petit Chien	231
Le Poisson volant	259
Le Roi et les Deux Bergers	9
Le Rossignol et le Prince	49
Le Rhinocéros et le Dromadaire	119
Le Rossignol et le Paon	121
Le Renard qui prêche	129
Le Roi Alphonse	131
Le Renard déguisé	151
Le Roi de Perse	263
Les Serins et le Chardonneret	15

Le Singe qui montre la lanterne magique. 73
Les Singes et le Léopard. 109
Le Sanglier et les Rossignols. 133
Le Savant et le Fermier. 159
La Sauterelle. 239
La Taupe et les Lapins. 40
Le Troupeau de Colas. 65
Le Vacher et le Garde-chasse. 51
Le Vieux arbre et le Jardinier. 63
La Vipère et la Sangsue. 171

EXTRAITS DE CORNEILLE

Cinna, acte I, scène III. 281
— acte IV, scène III. 287
— acte V, scène III. 293
Héraclius, acte IV, scène V. 265
Horace, acte I, scène I. 267
— acte III, scène IV. 269
— acte V, scène III. 275

PARIS. — IMP. SIMON RAÇON ET COMP., RUE D'ERFURTH, 1.

Contraste insuffisant
NF Z 43-120-14

www.ingramcontent.com/pod-product-compliance
Lightning Source LLC
Chambersburg PA
CBHW071531160426
43196CB00010B/1737